中國道教文化研究

初 編

第 **10** 冊

唐代道教重玄派研究

張 憲 生 著

花木蘭文化事業有限公司

國家圖書館出版品預行編目資料

唐代道教重玄派研究／張憲生 著 —— 初版 —— 新北市：花木蘭
文化事業有限公司，2020〔民 109〕
目 2+148 面；19×26 公分
（中國道教文化研究 初編：第 10 冊）
ISBN 978-986-6449-97-0（精裝）
1. 道教史　2. 道教宗派　3. 唐史
238.041　　　　　　　　　　　　　　　　　　98014204

ISBN-978-986-644-997-0

9 789866 449970

中國道教文化研究
初　編　第　十　冊

ISBN：978-986-6449-97-0

唐代道教重玄派研究

作　　者　張憲生
總 編 輯　杜潔祥
副總編輯　楊嘉樂
編　　輯　許郁翎、張雅淋　美術編輯　陳逸婷
出　　版　花木蘭文化事業有限公司
發 行 人　高小娟
聯絡地址　235 新北市中和區中安街七二號十三樓
　　　　　電話：02-2923-1455 ／傳真：02-2923-1452
網　　址　http://www.huamulan.tw 信箱 hml 810518@gmail.com
印　　刷　普羅文化出版廣告事業
初　　版　2020 年 3 月
全書字數　127353 字
定　　價　初編 20 冊（精裝）台幣 40,000 元

唐代道教重玄派研究

張憲生　著

作者簡介

張憲生，台北人。就讀文化大學史學系、史學研究所碩士、博士。大學時代對於思想史有興趣，試圖接觸文史哲諸多領域，試圖對於三教問題進行初步接觸。碩士論文為唐代曆數相關問題的討論，其中涉及佛道術數與曆法編制種種相關問題，試圖以科學思想與宗教思想理解曆法觀念。博士以佛道二教的交互對立與學習中，觀察道教如何在學理上逐步完善，建構完備的心性與修證意義的宗教體系。目前在慈濟大學專任教職，擔任通識課程，並協助指導宗教與文化所學生撰寫碩士論文數篇。主要學術領域為唐代思想史與宗教史、術數史。

提　　要

　　重玄派基本上是繼承魏晉以來道教老子神話與學說的探索，以玄學的有無之辯，繼之佛學的真空，妙有的觀照，於鳩摩羅什引入中國的中觀體系後，道教在兩教對立論難上也相應產生進一步的反省，產生援佛入道的教義探索，確立以老子為核心的體系建構之路。

　　本文首先論本際經的創發，對佛教學理進行初步的消化，並且重新檢視傳統的道教修練觀點，成為隋唐時代重要的教義典籍。之後在成玄英，李榮的老子相關註解中，充分發揮關於老子學說的體悟，在世學與修身上並立，成為道教學術的高峰。民間則有王玄覽的玄珠錄，以自己修練的基礎領悟傳統經典中的內涵，和成，李二人交互輝映。

　　唐玄宗時期出現司馬承禎，吳筠等思想，將人人皆可成仙加以體系化的說明，使得坐忘論經由重玄思想的啟發，開展道教修練體系上的一個重要建設。玄宗時期的道德經註疏中，則以理身，理國作為焦點全面吸收前人觀點，與傳統道教有相當距離，在方法上則承續了成，李的思辯架構，開展不同的探索空間，重點離開道教，而偏向哲學的進展。

　　杜光庭則為唐末重要的重玄派學者，一方面重新省思玄宗註疏，一方面重新肯定道教的修練意涵，成為唐代道教的重要結論。之後下開宋真宗徽宗等帝王醉心道教老子學說的研討，也對於道教性功修練提供一條可行的觀點。

第一章　前　言

　　中國宗教史的研究，是二十世紀以來才開展出來的領域。在這個領域中，許多前輩努力之下，逐步有了規模。至於道教史的研究，一般都集中在魏晉南北朝，唐代的道教則較少著墨。

　　唐代的道教史中，有一個非常重要的特色，就是集中於神仙思想的開展，特別被學者標明爲重玄體系的思想流派，跨越了官方與民間學者，共同尋找道教的豐富內容。

　　關於重玄派的提出，最早是蒙文通先生提出，並陸續整理了一些關於重玄派的重要道教史料，〔註1〕之後，日本學者藤原高男與砂山稔，中嶋等學者繼續探討，其中砂山稔《隋唐道教思想研究》，可以視爲日本重玄研究上重要的里程碑，得到相當豐富的成果。而大陸近期的相關研究，盧國龍《中國重玄學》、《道教哲學》關於重玄學思想的大作之後，討論重玄體系作品逐步豐富，繼之有李申等人在《世界宗教研究》期刊中陸續發表一系列相關的討論。臺灣方面，近來有鄭燦三的博士論文集中討論老子學相關問題有較爲全面的探討。

　　重玄派基本上屬於道教思想史上的時代性思潮，不僅跨越了宗派，也跨越了佛道二教，最後回歸於道教主流。基本特色則是援引佛教的般若思想最爲主要的方法學，將傳統的玄學體系改造成爲道教神學以及相關的仙學修證體系。其源流可以溯及晉代孫登，〔註2〕以援《莊》入《老》的轉折，進行宗

〔註1〕　參見蒙文通，《蒙文通文集第六卷——道書輯校拾種》，巴蜀書社，2001 年 8 月，一版一刷，共 1204 頁。

〔註2〕　盧國龍，《道教哲學》（北京，華夏出版社，1997 年 10 月，一版一刷，620 頁），頁 194～215。

教格局的對話。第二個階段隨著佛教進入中國之後，隨著思辯過程的深入，「般若學」成爲大乘佛教的重要核心，也同樣成爲當時顯學。道教與佛教之間也開始激烈的互動（既競爭也互相學習），所以稱之爲援佛入老，此時對於道教的影響主要環繞在「道體論」與「道性論」上，〔註3〕道體論涉及到哲學本體論範疇，主要內容環繞在「道德體用」、「有無體用」問題上，有顧歡、陸修靜、孟智周、臧兢、孟景翼、徐素、《玄門大義》等，道性論則討論道性與眾生的關係，心性與修證關係，這一體系以宋文明、韋處玄、《內觀經》、《定觀經》發展出來。第三個階段則是在唐代，也可以視爲重玄派的成熟期，在大量佛道論辯的過程中逐步深化道教自身理論內涵，重玄思想逐步溶入道教部分經論，並配合修性功夫成爲道門的根本修證架構，成就唐代宗教上的另一個高峰，因此唐代道教成仙理論如何與重玄學進行轉化工作，會是一個重點所在。

　　本文的重點，在初唐時期，著重於道教史上的三教關係，並且以此爲基調，思考佛道二教之間的互動，影響及於道教內部的學術架構的豐富與成熟過程，進行相關思想的基礎探索。

　　高宗至玄宗爲第二個階段，重點在於道教典籍的整合過程，第三個階段爲玄宗時期，以唐玄宗注疏爲主考察當時的道教重玄討論焦點，第四個階段，武宗時期的道教轉型，到了唐末杜光庭最後重整道教學術，以《道德眞經廣聖義》等系列著作整合唐代以前眾家道教學者的作品，試圖經由老子神話的再確認，架構全新的道教學術系統。

　　事實上，佛教經歷了南北朝長期的努力，出現了大量的中國式佛教體系，其中又特別集中於成佛體系的概念，「佛性論」與「般若」思想成爲當時重要的象徵，而天台宗的「止觀法門」對於心性思維有清晰明確的描述，禪門大德雖不強調文字與理論體系的闡述，可是在實修上有極大的成就，從菩提達摩開始使用《楞伽經》爲主要修心方法，以「二入、四行」呈現「即心是道」。〔註4〕道信強調守一看心，弘忍大師以「守心」禪法著名，北宗神秀有「觀心看淨」之法。〔註5〕慧能有「識心見性、無念爲宗」的特點。這一系列的傳承

〔註3〕盧國龍，《道教哲學》，頁 242～284。

〔註4〕《續高僧傳·菩提達摩傳》（大正藏，史傳部二，第五十冊，頁 551）中有收錄《二入四行論》，二入爲理入、行入，是爲成就的兩種基本方法，理入則以安心壁觀泯相入悟，行入以四行，內容爲抱怨行、隨緣行、無所求行、法行。

〔註5〕以上除了僧傳史料之外，敦煌遺書中有《楞伽師資記》、《傳法寶記》的宗派

中，都直接討論心性問題的對治之道。〔註6〕其中都關係著「佛性論」的思維與應用，這些觀點對於道教發展重玄體系的發展提供了許多重要的宗教知識。而三教講論的興起，更加強了雙方的互動，特別在北周至唐初的三教論壇，內容是相當嚴肅的，得失之間涉及整體宗教的命運，參與之人無不全力以赴，所以在重玄派體系中，這類人物就明顯佔了極大多數。因此，在學習、成長與競爭中，道教無論在主觀客觀環境上，都與佛教產生了頻繁的互動關係。

　　心性問題與佛性問題是相同的，佛教在止觀法門與唯識思想中，分辨修行者心理狀態對於宗教修練上有極重要的影響，個人之以自性做為成就的基點，魏晉以來討論中心從宇宙論的興趣發展到到個人處境與成道的興趣，對於心的掌握也成為主要焦點。心性問題在禪宗特別鮮明，努力明心見性，淬練自心，並應用般若思想觀照而領悟，掌握本性直指真道。中唐以後，韓愈初發其端，李翱的《復性書》是儒家引入佛教心性體系的重要指標，〔註7〕道教則從南北朝時代就已經大量開展這一方面的討論，並且在一些重要的重玄派典籍中討論相關主題，這些部分留待本文討論。

第一節　本文使用的史料

　　對於宗教史料提出質疑的學者，最有影響力的作品是陳援庵先生的《釋氏疑年錄》，以歷史的角度分析早期僧傳年代上仍有許多不可靠的部分，也開創了更為科學的驗證方法來處理宗教史料的問題。不過這些討論技巧在道教文獻上才開始發展，仍未臻於實用上的理想。

　　另外陳援庵父子也有《道家金石略》一書的出現，可以初步的整理出道教金石材料的先後關係，並且略作初步的考釋。蒙文通先生關於早期道教研究的努力，特別是重玄派的提出，有關鍵性的引導作用。一般正史上關於道教材料有關隋唐部份不很可靠，陳垣先生的討論外，胡適也有討論禪宗史上常見的種種造假現象，所以在應用上需要更為小心，這一部份大概可以被視為以儒學為核心的官方觀點基本架構，對於宗教現象的描述上多少有被刪改

史傳資料。
〔註6〕　楊增文《唐五代禪宗史》（北京，中國社會科學出版社，1999年5月，一版一刷，616頁）有相當多的篇幅討論初期禪門一系對於心性理論的修行觀點。
〔註7〕　《宋高僧傳·惟儼傳》，卷十七，頁424。

的痕跡。另外大陸學者針對《全唐文》中與社會經濟相關文獻分門別類抽離出來的部分，也有不少與宗教有直接關係的作品，不過此類選錄作品並沒有較為詳盡的史料考證與史事評比相關功夫，在使用上必須非常小心以免誤入歧途。〔註8〕其他在《唐會要》及《宋元地方志》中也有相關可用的材料。至於《正統道藏》所收藏作品也保存相當多的孤本，作為道教理論研究的依據是非常可貴的材料，有關《道藏》的版本研究則有《道藏提要》一書的出版，針對其相關的內涵做了一份初步的考察，此外大陸也出版了《藏外道書》計二輯三十六本、《道經知識寶典》等作品，對道教經典做了一番整理，其中《藏外道書》第二十一冊多為新出土的重要道教敦煌文獻，收錄許多重玄派的出土文獻，陳鼓應先生結合大陸中山大學敦煌研究室為主導，召集大陸相關學者共同整理出版了《道家文化研究第十三輯：敦煌道教文獻專號》，收錄的道教典籍基本上全屬「重玄派」重要典籍。並且計畫該刊物第十八期為「玄學與重玄學」專號，此書目前尚未出版，推測未來主要的方向是整合魏晉南北朝到唐代的道教義學發展軌跡。日本學者有一些重玄派相關論文，特別是有關於敦煌地區的佛教道教典籍討論上有非常可觀的成果，這些成果可以大致勾勒出唐代道教的基本面貌。

　　本文的基本依據，仍然是以《道藏》及佛教《大藏經》為主要依據，另外也參考現代學者校注的版本對參，目前許多作品（如《坐忘論》、《化書》、《兩同書》、《玄珠錄》、《莊子成玄英疏》）已經都有初步的研究成果出現，所以在這些相關作品的討論上大多數都已經有共識出現，此外還有不少出土於敦煌古代抄卷中的宗教典籍，如《本際經》、《西昇經》、《昇玄經》、《化胡經》、《老子李榮注》等等殘卷，在討論與這些經典相關問題時，都有一定的參考價值。至於當時一些頗具特殊爭議性的問題，例如「老子化胡」說的問題因為與重玄派體系無理論上必要的關聯性，本文不打算將其列入重點討論範圍。

　　「唐代重玄派」前已提及原為蒙文通先生提出的觀點，然而此處所謂宗派可能不是宗教學上嚴格的定義，主要原因在於此派的呈現只是一種思想潮流，就實質涉及如司馬承禎、吳筠有相關的作品，成玄英、李榮為主，注釋《老子》，建立唐代高宗期重玄思想，吸收佛教學理後多有發揮；民間有王玄覽《玄珠錄》、《獝能子》、《化書》為代表，這些著作多數為專論性質，其他

〔註8〕 收錄於楊蔭樓等主編，《全唐文政治經濟資料匯編》，西安，三秦出版社，1992年1月。

同時期新的道教典籍，將前期努力的成果經典化，以利於此種觀念的流傳與闡釋。到了五代時期開始轉型，回歸到《老子》性功法門的完成，爲其他宗派所吸收，成爲以後各大道教派別的基本概念。重玄派在整個唐代發展過程中，扮演著突破宗師傳統的一種多元化的創造過程，而努力的目標是將佛教概念吸收到道教教義之中，並且成爲道教的核心概念，另一方面也簡化了過程複雜難解的道教體系，歸納出較有思辯系統的修道體系，這樣的發展歷程中，使得道教更具有充分的理論基石及超越心性的架構色彩，建立較爲完整的心性理論。最後成爲宋代儒家理學的吸收基本架構。

　　因此重玄派經由南北朝以來累積的成果，不在於宗派的傳承特性，而在於重塑「向上一步」的理論基礎，主要借用的概念爲佛教三論中的核心理論「中觀思想」。而其後的影響則及於儒家及道教的後續發展，因此重玄派的討論是一段不可忽視的環節。

第二節　重玄派思想的興起

　　基本上，重玄派的發展涉及到幾個重要的領域。首先是關於老子神話的創造，其次是關於引莊入老、引佛入老的學理階段，第三個重點是關於心性修練的宗教意義，因此整合而成爲唐代的仙道思想。

　　老子神話在戰國時代後期開始出現，漢代就已具傳說中神仙特質。在漢代的黃老思想中，神仙思想的比重非常大。〔註9〕東漢出現許多《老子》相關著作中，有《老子指歸》、《河上公注》、《老子想爾》爲漢末道教初起時老子學說的重要代表。老子神話到了唐代特別重要，一方面李唐需要神化自身的族性以適應當代高門大族的社會習俗，另方面也作爲皇室推崇道教的依據。

　　魏晉時代的玄學，基本上以人生哲學爲起點，討論的問題從人才的判別的才性分別開始，進一步討論世間發展的規律問題，出現了「崇有說」與「貴無說」兩大體系，隨著時間的演進，這套想法有非常豐富的變化，貴無說更受到了佛教學說的影響，開始更爲深刻的對話，因此，衍生出「眞空」、「妙有」兩大對立思維的發展。〔註10〕此一時期出現佛教註解《老子》的相關作

〔註9〕　張運華，《先秦兩漢道家思想研究》（長春，吉林教育出版社，1998年12月，一版一刷，370頁），頁307～315。

〔註10〕許杭生，《魏晉玄學史》（西安，陝西師範大學出版社，1989年7月，一版一刷，527頁），頁6～7。

品，如鳩摩羅什《老子注》兩卷、浮圖澄《老子注》上下兩卷、僧肇《老子注》四卷、以及道教陶洪景《老子注》四卷，佛道論難中又有支遁、支道林等人以佛教觀點與道教有豐富的對話。佛道二教關於《老子》學說的興趣在當時顯學中因而逐步開展出來。

　　南北朝仍有系列的道士註解《道德經》，其中如陶宏景、顧歡，宋文明、陸修靜，臧兢等人，以《老子》的思辯體系中，引入佛教的思想方法，也斷斷續續引入了許多佛教觀念與專用術語討論道教思想。此時開啓了佛道互動的複雜過程。顧歡爲排佛的主要大將，引發大量的佛道對立，佛道二教的衝突遠較儒家之間的對立嚴重。北魏與北周兩朝都有過激烈的佛道衝突。宗教經由政治的力量涉入，皇室往往爲宗教重要支持者，唐代佛道關係發展在朝廷中也具有關鍵性的影響，成爲唐代初期佛道論壇的激烈對話。

第二章　唐高宗前的佛道互動

第一節　關鍵經典

在唐代道教重玄思想開始之前，已經有一些重要的經典產生，其中包括《本際經》、《西昇經》、《昇玄經》的出現，這些經典常常被應用在三教論壇中，對於道教學理的重要性可想而知。以下略述這些經典的特色。

一、西昇經

《西昇經》成書於魏晉時期，假託爲尹喜所說。此書與《化胡經》都以闡述老子神話爲主，其內容爲描述老子出關之時，告誡尹喜的修養方法。因此本經主要發揚老子清靜寡欲、守神養性的思想，人只要能「守氣存神」可得長生。

本經主要傳述的道教理論體系包括萬物皆因積氣而生成（元氣生成論），人的成形也因爲天地交感而成，形神相合爲生成之本。以此衍生出來守氣存神修練方法可以使人長生全形。

故就本經整體而言，還是以發揮源於《河上公》、《想爾》以來的道教老子思想，進一步整合道教的基本修練概念，形成此經的思考架構，基本上環繞在道性與修練的結合體系有重要的意義。此經後來爲重玄派及樓觀派重要的經典之一，著名的註解包括北周道士韋處玄、唐道士李榮、宋道士陳景元，並且在歷次佛道論戰時屢屢提及，對於隋唐道教思想影響很大。

二、昇玄經

《昇玄經》全稱爲《太上洞玄靈寶昇玄內教經》，大約造於南北朝時期（南

朝梁以後或北周以後）。此書大部份都遺失了，目前主要爲日本學者山田俊根
據敦煌與其他相關道教史料所整理的《稿本昇玄經》最有代表性，今存《正
統道藏》收藏只存留第七卷「中和品」的註疏本。《昇玄經》全稱爲《太上洞
玄靈寶昇玄內教經》，大約造於南北朝時期（南朝梁以後或北周以後）。此書
大部份都遺失了，目前主要爲日本學者山田俊根據敦煌與其他相關道教史料
所整理的《稿本昇玄經》最有代表性，今存《正統道藏》收藏只存留第七卷
「中和品」的註疏本。《昇玄經》全稱爲《太上洞玄靈寶昇玄內教經》，大約
造於南北朝時期（南朝梁以後或北周以後）。此書大部份都遺失了，目前主要
爲日本學者山田俊根據敦煌與其他相關道教史料所整理的《稿本昇玄經》最
有代表性，今存《正統道藏》收藏只存留第七卷「中和品」的註疏本。

　　本經爲南北朝重要的道教經典，內容廣泛假託古代仙人對話，總歸修道於
「體道昇玄」爲第一要義，經中大量引用佛教術語說明道教神學觀點。比較特
別的說法認爲一般道教常用的服藥練形、存神誦咒的道術皆屬小乘法門，終不
能升入無形，與道合德。只有內心思念道法，方能配合其他仙術得道。

　　本經大量討論道體、道性，爲隋唐道教最受重視的經典之一。因此《隋
書》「經籍志」中提及隋唐道士所講經書「由以《老子》爲本，次講《莊子》
及《靈寶》、《昇玄》之屬。」〔註1〕

　　《昇玄經》主要的思想還是取自佛教，雖然爲靈寶派重要經典，地位還
是在《五篇眞文》之下，至少在陸修靜時期還未出現。在隋唐道教類書中有
大量的引用，包括《無上祕要》、《三洞珠囊》、《上清道類事項》、《要修科儀
戒律鈔》、《雲笈七籤》等書都有出現。主要的內容爲宣揚轉輪不滅、泥丸（涅
盤）成仙、反對血祀等觀念。其他還有奉道十想念、流通靈寶內教十一事、
昇玄五戒、昇玄九戒、法人十相、居山十事、論眞僞、師資以及受道傳經儀
軌等等。隋唐作爲重玄派的重要典籍，因此道藏本「中和品」中，註文第一
段的開宗明義指出「夫中和經者，蓋是登眞之妙訣，入道之要方，理冠重玄，
義該雙遣。」可見唐代解《昇玄經》，已用重玄派觀點進行討論。至於後期出
現的《本際經》，在道教中也具有舉足輕重的地位，實際上也是受到《昇玄經》
的影響而產生的。〔註2〕

〔註1〕　參見《隋書·經籍志》。
〔註2〕　參見丁培仁，〈山田俊編《稿本昇玄經》——兼談《昇玄內教經》〉（《宗教學
　　　　研究》，1994年，第一期），頁10～12。

　　有關老子的神話發展，除了樓觀系統之外，道教靈寶派也有一些著墨之處。關於老子化胡說法，除了晉的傳說之外，葛玄的《道德經序訣》是很重要的標誌。其後除了三張系統的《想爾注》及《想爾誡》之外，《老子節解》也是被重視的典籍之一。因此，南朝關係靈寶派發展的三位道士有陸修靜、顧歡、宋文明。陸修靜將老子視爲三洞系統中的一大類型，顧歡則以《夷夏論》觀點挑起二教爭辯的戰火，宋文明在梁建立了十二部分類典籍說，並且有《義淵》五卷，殘存於唐初王懸河《三洞珠囊》一書中，三洞十二部成爲道教典籍的基本架構，這些也可見於《海空經》中。至於經中有關「身、口、心」三淨觀點，明顯來自佛教的說法。

　　與重玄派思想關係較爲密切的太玄系統道士，〔註3〕有孟智周爲代表。建立了四輔說輔助三洞典籍，使得南北朝道教的典籍體系大致完備。孟智周有《老子義疏》五卷，其後臧玄靖《老子疏》四卷，都以「道」、「德」關係建立不同的道教觀點，如「權、實」，「修身、治國」等等概念的整合。唐代形成「高玄部法師」的典籍傳授方式，以《道德經》、《河上公注》、《想爾注》爲基礎，加上《老子妙眞經》、《西升經》、《老子節解》爲「太上高玄法師」。在《隋書經籍志》中，大業中，除以《老子》講授者很多，其次尙有《莊子》、《靈寶經》、《昇玄經》等。〔註4〕重玄派另外還有《玄門大義》、《道教義樞》、《海空經》、《本際經》、李仲卿《十異九迷論》等系列典籍出現。〔註5〕

　　唐釋玄嶷的《甄正論》中，指出參考佛教理論撰寫道教典籍的名單，包括有劉進喜、李仲卿的《本際經》、黎（元）興、方長的《海空經》、李榮《洗浴經》、劉無待《大獻經》等。〔註6〕

　　雖然對於重玄說法仍有疑問，就佛教論難道教的作品《甄正論》中有論及所謂「重玄」說法：

　　　　子云談詠重玄者，即《老經》云：「玄之又玄」。此名微妙，兩觀同

〔註3〕　參見孟安排，《道教義樞》（收錄於《正統道藏》，諸五函），卷二，葉八：「遣玄之又玄，寄名太玄耶！今明此經名太玄者，當是重玄之致，玄義遠大，故曰太玄。」

〔註4〕　參見《隋書》卷53，〈經籍志〉：「大業中，道士以術進者甚眾。其所以講經，由以《老子》爲本，次講《莊子》及《靈寶》、《昇玄》之屬。」

〔註5〕　參見砂山稔，〈道教與老子〉（收錄於《隋唐道教思想史研究》，序章），頁27～68。

〔註6〕　參見釋玄嶷，《甄正論》（收於《大正藏》，史傳部四，第五十二冊），卷下，頁569。

> 出，一心之妄，見此見彼，識辯心生，推尋識辯之心，竟無的主，
> 此事冥昧，不可了知，故云玄也，玄者，深遠冥昧之稱。又玄者，
> 則此冥昧之理，亦不可得。更復冥昧深遠，故云又玄。〔註7〕

此段引文中討論道教重玄思想的基本觀點來自《老子》，以爲其中討論的問題，出於一心之妄，導致見彼見此的分別心，然而推尋此心，了不可得，玄與又玄是不同層次的討論，此段中可以明確的看到以佛教中觀和禪宗的趣味。

　　而在《道教義樞》中，對於重玄的說法，提出：「太玄者，重玄爲宗，老君所說。」（《道教義樞》卷二）「故須太玄，明空道成此行，重玄之心既朗，萬變之道斯成，故三十九章號無生之說，西昇妙典示善入無爲之宗，無爲之果，既體玄斯致無生之道，即洞遣方成。」（《道教義樞》卷二）「太玄爲大乘」（《道教義樞》卷二），就道教而言，重玄思想顯然被視爲主流，因此特別在四輔中以大量說明解釋此觀點。就源流而言，重玄派與南朝道教關係密切，至於北朝道教系統（特別是樓觀派）則透過與上清派的接觸過程之中傳入相關知識。而關於老子神話的傳布，似乎南北朝雙方都再次發展，此爲兩漢以來的老子宗教化趨勢。而關於《老子》重玄問題的討論，至少在唐初在佛道雙方已經非常盛行，因此佛教還特別提出質疑，這也正好顯示出當時這是一個道教的流行主題思想。

三、本際經

　　《本際經》則是隋唐之際的重要道教造作經典，目前大多數部份遺失。法國學者吳其昱據敦煌本校勘的《太玄眞一本際經》，大致恢復本經的原貌。傳說爲道士劉進喜所作，〔註8〕《道藏》本中只存留第二卷「咐囑品」收入「太平部」，第九卷《開演秘密藏經》收入「洞玄部」。以神仙對話的方式討論許多道教相關的問題，特別重點在於「開演本（大道）際（萬物眾生）」的眞義，以此指出重玄體道之法。提出修仙須先破心想幻象，兼忘重玄之道。此經可以視爲唐代最重要的道教經典。〔註9〕所以當宮廷三教辯論之時，有多次被拿

〔註7〕　參見釋玄嶷，《甄正論》，卷中，頁566。

〔註8〕　參見（唐）釋玄嶷，《甄正論》，卷下，頁569：「至如《本際》五卷，乃是隋道士劉進喜造，道士李仲卿續成十卷。」

〔註9〕　《本際經》的研究學者極多，敦煌出土的道書中目前已經發現有106抄卷之多，占目前發現的敦煌道書卷子約四分之一，可見此書在唐代道教經典的重異性，就所知有吳其昱、陳祚龍、大淵忍爾、鎌田茂雄、砂山稔、尾崎正治、

出來討論的紀錄。〔註10〕

目前存《本際經》況，基本上可以大致恢復原貌，經由敦煌出土抄經資料的整理中，卷一「護國品」有 S6027、P2448、P3790、P2827、北 8455、北 4864、北 8467、北 8730、北 3371（有吳其昱校本）、P3790。卷二「付囑品」有 P2392（有吳其昱校本）。卷三「聖行品」有 P2795（有吳其昱校本）。卷四「道性品」有 P2463（有吳其昱校本）、P2806、P2470。卷五「證實品」有 P2366（有吳其昱校本）、P2438。卷六「淨土品」有 P3310（有吳其昱校本）、P2231、P2860、P2870。卷七有 P2437、P3285。卷八「最勝品」有 P3674、DX294。卷九「秘密藏品」有 P3280、P2882。卷十「道本通微品」有 P2999、P2465、P2665、P2668。〔註11〕

（一）作　者

據武周時釋玄嶷《甄正論》卷下說：「至於《本際》五卷，乃隋道士劉進喜造，道士李仲卿續成十卷。」這個說法基本上是可信的。玄嶷與劉、李為同時代人，其說當有所據。

劉進喜、李仲卿二人的生平，已難以詳考。據唐初釋法琳《辯正論》卷六說：「有黃巾李仲卿，學謝管窺，智慚信度，矜白鳥之翼，望駭嵩華。」由此知李仲卿本居嵩山、華山，名氣很大。

又據唐初釋道宣《集古今佛道論衡》卷丙：「武九年，清虛觀道士李仲卿、劉進喜，猜忌佛法，恒加訕謗，與傅奕唇齒結構，誅剪釋家。」則又知劉、李二人曾響應太史令傅奕的排佛疏議，唐高祖武德年間並名顯長安，其時參與多次佛道論爭的道教首領。傅奕在北周時曾為通道觀道士，通道觀是北周武帝滅興道時建置的，從劉、李二人與傅奕相同的排佛傾向看，他們很可能與通道觀有學業上的淵源關係。又《新唐書》「陸德明傳」說：「高祖已釋奠，

盧國龍等人。參見姜伯勤，〈論敦煌本《本際經》的道性論〉（姜伯勤，《敦煌藝術宗教與禮樂文明》，北京，中國社會科學出版社，1996 年 11 月，頁 199～224），頁 199。

〔註10〕 參見《藏外道書》，第二十一冊，《太玄真一本際經》，敦煌影本，頁 177～242。另見《太玄真一本際經》（收錄於鎌田茂雄編，《道藏選錄佛學思想研究資料》，敦煌底本排印標點本十卷），頁 332～383。

〔註11〕 參見萬毅，〈敦煌道教文獻《本際經》錄文及解說〉（收錄於陳鼓應主編，《道家文化研究—敦煌道教文獻專號》，第十三卷，1998 年 4 月，一版一刷），頁 367～484。鎌田茂雄主編，《道藏選錄佛學思想研究資料》（臺北，新文豐，民國 86 年 2 月，初版），《太玄真一本際經》，頁 332～382。

召博士徐文遠、浮屠慧乘、道士劉進喜名講經。」這件事發生在武德八年（625），而《集古今佛道論衡》卷丙敘述這件事時，則說有李仲卿與勝光寺僧慧乘論難。從這些片斷資料看，劉進喜、李仲卿是唐初在長安演述道教理論的代表人物，多與佛教學者爭議二教理趣深淺。劉進喜、李仲卿本北方道教學者，南北朝時北方道教重隱修，少著述辯議，但唐初由於與佛教學者展開理論論爭的需要，劉、李二人一改傳統學風，積極參與辯議，從事著述，並以重玄之道爲宗趣核心。

重玄之道是唐代道教的主流思潮，劉、李二人因論爭的需要而闡發重玄之道，不但使南學北傳，而且在南北方學術相結合的基礎上，又因爲長安作爲政治文化中心的特殊影響，拉開了重玄之道全面展開和理論深入的歷史序幕。

除造作《本際經》外，李仲卿還作有《十異九迷論》。稱老君與釋迦有十異，佛教教義有九迷，是指斥佛教的作品；劉進喜則著有《老子通諸論》一卷，《新唐書》「藝文志」著錄，其書久佚，據武周時道士孟安排《道教義樞序》說：「劉先生之《通論》，咸存主客，從竟往還」。《通論》即《老子通諸論》，主客指道教與佛教，北朝時道教以主客喻二教關係，意與南朝夷夏之說相同，據此知其書亦因應二教論爭的作品。又據唐末道士杜光庭《道德眞經廣聖義序》說，劉進喜曾作《道德經疏》六卷。同書卷五則說：「梁朝道士孟智周、臧玄靜……隋朝道士劉進喜……，皆明重玄之道。」可見劉進喜曾依重玄理趣疏解《道德經》。

劉進喜的《道德經疏》失佚已久，宋李霖《道德眞經取善集》引錄其文凡八則，近人李孟楚據之與敦煌寫本《老子道德經義疏》（p2517 號）相比較，斷此敦煌寫本爲劉進喜之書。及蒙文通校錄《老子成玄英疏》，乃知該敦煌寫本實是成玄英的《道德經義疏》。〔註12〕《道德眞經取善集》的引文標明「劉進喜曰」，文意卻又與成玄英《道德經義疏》相同，有些甚至文句都相同，這是件頗爲奇怪的事。究竟是《取善集》搞錯了引文的作者，或成玄英抄襲了劉進喜之書，還是別有原因。有學者推測，成玄英與劉進喜很可能有師承關係。

成玄英於貞觀五年（631）被召至京師，劉進喜則在此之前由於高祖晚年集三教學者講論而名見諸史冊，成玄英進京時，劉進喜很可能仍在長安講學，只不過太宗初年特重儒學，所以道釋二教學者不很活躍，劉進喜之名也就不見諸

〔註12〕李孟楚、蒙文通二氏之說，并見王重民《敦煌古籍敍錄》第 236～242 頁，中華書局 79 年版。

史傳。但劉進喜是當時長安道教的學術宗師，成玄英又以學問入選京城，參訪道門前彥以釋疑解惑，是很自然的事，由此看二人疏解《道德經》有相近或相同處，也不覺奇怪了。而且，成玄英本陝州（今屬河南省）人，很可能與曾經修業講學於嵩山一帶的劉進喜、李仲卿輩早有淵源，成玄英作《道德經義疏》成，即有嵩山人李利涉爲制序文，這表明成玄英的學術確與嵩山有關。

準此推測去綜觀唐初道教學術，則高祖武德年間有劉進喜、李仲卿，太宗貞觀年間有成玄英、蔡子晃等人，他們代表了唐初長安重玄學的第一個發展階段，所使用的理論主題是參考佛性論所作的道體論以及建立在這個理論基礎上的精神超越思想。

高宗朝南方道士李榮、方惠長等游學長安，武周時蜀中有黎元興、王玄覽等人申述重玄理論，荊州有道士孟安排綜括重玄之道理論體系，他們代表了重玄學的第二個發展階段，理論主題由非有非無的道體論轉向亦有亦無的道體論，並根據這個理論探索道性與人性的關係。

玄宗朝，開元年間有天台山司馬承禎、天寶年間有嵩山吳筠相繼述作，他們代表了重玄之道的第三個發展階段，理論主題是將重玄之道修性與上清派的養生修命結合起來，形成性命雙修觀念，這是初盛唐時期道教學術的概況。初盛唐道教學術，實自劉進喜、李仲卿開其風氣，他們對道教學術影響最爲深刻的，便是這部十卷本的《本際經》。

敦煌道經抄本，以《本際經》爲數最多。且大多數尾記皆抄寫於初盛唐，僅此即可想見此經當時道教中的重要地位以及流傳之廣。據日本學者大淵忍爾《敦煌道經》輯錄，合各種抄本得卷目如下：

卷一《護國品》、卷二《付囑品》、卷三《聖行品》、卷四《道性品》、卷五《証實品》、卷七《比喻品》、卷八《最聖品》、卷十《太上道本通微妙經》，卷六、卷九品目缺。其中卷二至卷五可合得完秩，其餘諸卷雖有缺佚，但所缺不多。基本上十卷基本可以彌合，回復唐初舊貌。

《本際經》全稱《太玄眞一本際經》，據道經題目的體例，「太玄」二字標識此經屬道書七部中的「太玄部」，太玄部經書以重玄爲宗旨，可見劉、李二人造作此經的宗旨在於闡發重玄之道。「眞一」二字的意義在於明確其經德，亦即本經在各種道經中的品格地位。這也是道經題目的通例，如唐道士薛幽棲釋《洞玄靈寶無量度人上品妙經》題目時說：「洞玄靈寶即品秩之名，無量度人即一卷之目。」所謂「品秩之名」，即此經在三洞中屬洞玄部靈寶經

類，「一卷之目」是其經題目，但「無量」二字示其經德，例可省略，所以此
經習慣稱作《度人經》。《太玄眞一本際經》簡稱爲《本際經》，義例與《度人
經》相同。《本際經》自署經題曰「眞一」，意義略與孟景翼《正一經》同，
謂其經爲終極之教。

《本際經》的終極眞一之道，即所謂「將示重玄義，開發眾妙門」，〔註13〕
「開演一本際，示生死源，說究竟果，開眞道性，顯太玄宗」。〔註14〕太玄宗也
就是重玄之道，這是本經大旨。圍繞這個大旨略可三個主題：第一是分別教法，
第二論無本道體，第三述重玄道性。

（二）分別教法

《本際經》有關分別教法有兩層，第一是判定道經道教爲正經正教，其他
的如佛經佛教等，都是邪法，這是二教論爭中的基本論調；第二是定《本際經》
爲道教中眞一不二法門，反映出重玄之道作爲唐初道教思想主流的地位。

關於第一層面的判別，可以此經卷二《付囑品》爲例：

> 三洞者，是名正經。自此之外，皆名邪法，不可受持。〔註15〕

這裡所說的「三洞」，即《一切道經》。這也是唐初道書作藏的通例。如唐初
已傳世的《三洞奉道科戒營始》卷二《寫經品》說：「夫經皆須作藏。有二種：
一者總藏，二者別藏。總藏者，三洞四輔同作一藏，上下或前後左右作重級，
名安題目：《三洞寶經藏》。別藏者，三洞四輔各作一藏」。《本際經》所謂只
有三洞是正經，意即只有道教經書才是正文，其餘的都屬附錄。

但道經道法多種，各有深淺不同，並非所有道經道法都可以稱作「眞一」
之道，所以《本際經》又劃分道教法門。教法是用以救度眾生的，由於「眾
生根性差別」，所以教法也有等次。

《本際經》將眾生根性分爲三等：

低等的根性是「屬苦怖畏」，世間萬象虛妄不眞，感覺到人生如焚幻一般，
自我作不了命運的主宰，更掌握不了主宰命運的某種力量，身命在自然大化
中遷變無常，「不久摩滅」，所以樂於長生延年之術，修煉形體，神眞爲這種
人演說「小乘道（導）引丹藥，見得延年地仙之道」；

第二等爲中根之人，能夠超越對世間萬象虛妄不眞的屬苦怖畏情緒，力

〔註13〕敦煌 p3371 號卷一《護國品》。
〔註14〕敦煌 p2806 號卷四《道性品》。
〔註15〕敦煌 p2393 號卷二《付囑品》。

求進取，樹德行，立功業，感受到人生悲苦而不沈淪於這種感受，因而能濟世助人，這種根性的人習中乘道法；

至於上機上士，則忘己外身，濟他利物，在自與他、眞與俗之間，悟徹「眞實性」，修大乘法門，「登上清道」。〔註16〕

至於《本際經》提出的三根性、三乘法門的劃分，與《正一經》七部品秩中以「三太」輔「三洞」，修行由仙而眞而聖的品第是相同的，反映出《本際經》對傳統經教體系的繼承特點。〔註17〕

但《正一經》的「三洞」、「三太」，主要是爲了解決修道品次的問題，雖然《正一經》的「太玄」輔「洞眞」也包含有重玄之道爲最高品第的思想，但提出此種觀點不如《本際經》這麼明確。

由於《本際經》的根本宗旨就是「將示重玄義」，所以分判教法深淺最終要認同於這個教義宗旨。換言之即爲了確立重玄之道在道教經法中的最崇高地位而進行判教，這裡可見《本際經》在《正一經》的基礎上，因應歷史潮流的發展，這個歷史潮流就是重玄之道日益明確爲道教思想理論的主題。爲了明確呈現這個理論主題，《本際經》反覆論述三乘法教的差別。

如此經卷五《証實品》說，奉行小乘法教的人「唯修小善，求自度身」，產生這種偏執的根本原因，就在於人我之間「妄生分別」。「生分別故，著有爲無爲，亦有爲亦無爲，非有爲非無爲等法」。執這些法門的人，各有病因，各有特殊的人生目的，而產生這些病因的根本問題，則在於「固執自我」（佛教稱之爲「我執」）。

「道本來非是有爲無爲，亦有爲亦無爲，非爲非無爲之法」。這裡提到的「道」是一個同一的整體，在這個整體裡沒有人、我之別，自我與他人，自我身心與天地至道是和諧而同一的。這種同一概念是一種修練後的精神境界，只有超越自我的人才能體悟得到，亦即莊子所謂「冥一人天，齊物逍遙」；也是一種思想理論，即莊子所謂「此亦是非，彼亦是非」，因此基於人我之別的對立性觀點，提升到「至道」的層次而言則無是無非，是遣除一切矛盾與對立的高度理論同一。

〔註16〕敦煌 p2795 號卷三《聖行品》。
〔註17〕此處有關《本際經》的三洞思想，應該與靈寶派道士陸修靜整理三洞教靜次序的精神相同，可以看出整合道教典籍的努力意義。與前文討論相近，此處的《靈寶經》論問題，應該與上清道士有關，特別是上清道士也同樣繼承了靈寶教法，所以呈現出了的東西非常接近。

至於《道德經》所說的「有爲」、「無爲」等觀點,《本際經》解釋說:「此是聖人權便治病之言,何有空實?子等妄作如此分別,妄起是非,是名邪見。」〔註 18〕說明有、無的對立特性,是一種平行關係,與重玄的超越昇華狀態是屬於不同的範疇,不可混爲一談。因此有爲與無爲的思考角度,基本上只屬於應用的範疇,此種稱之爲法門,而不是究竟的技巧。因此針對這個主題,產生不同的教育訓練方式。

故進一步提到,相應於教法既有兩種,教師也就有兩種:一是「暗師」,說「有得之義,生滅法相,有有,有無,有因,有果。」總而言之,暗師教人分別得失有無,求有得而無失;另一種是「明師」,爲說「無修無得,無滅無生,非有非無,非因非果,巧解因緣,假名中道。」〔註 19〕遣除有無等兩邊偏滯,在不偏執任何一方中把握正中之道。

所謂正中之道有十二種,《本際經》由佛教法印之說,推演出道教十二法印,作爲修道的準則。十二法印即:

> 有十二印,印我正法。若諸教中,有此法印,即是正經,無此法印,即是耶(邪)説。何等十二:一者世間有爲之法,悉皆無常,即生既變,既老既滅,⋯⋯二者一切世間皆無有我,不得自在,非眞實故,三者世間有心諸法,悉皆苦惱,⋯⋯四者世間不淨穢惡,亦有粗細,粗者可見,細不可知,⋯⋯五者萬物皆是空無,性無眞實,故假合眾緣皆相待,六者出世昇玄,至道常住,湛體自然,無生無滅,離有爲相,七者眞一妙智,自在無礙,神力所爲,隨意能辨,故名大我,八者離二無常,不受諸受,心相寂滅,故名清淨,九者至道眞實,非僞雜身,是金剛身,故名善有,十者是世間法及出世間法皆假施設,悉是因緣,開方便道,爲化重生,強立名字,十一者生死道場,等無所有,無得無捨,是名解脱,十二者正道眞性,不生不滅,非有非無,名正中道。〔註 20〕

正中道法也就是重玄之道,雖然學道者常由於根性差別,不能夠全都學此重玄之道,但明師可以根據其根性,察其病因緣起因才施教,比如對嗔恚多的

〔註 18〕 敦煌 p2438 號卷五《証實品》。

〔註 19〕 敦煌 p2393 號卷二《付囑品》。所謂中道,即雙遣得失。

〔註 20〕 參見《太玄眞一本際經》(鎌田茂雄編,《道藏選錄佛學思想研究資料》,臺北,新文豐,1997 年 2 月,初版,468 頁),卷二,〈付囑品〉,頁 339~340。

人，可以使學仁慈，忘我愛物，解其忿怒；對心神散亂的人，則可示令守一，專柔其心；對於偏執一己之見的人，可示以空相，泯除他分別計較之心。根性遲鈍的人接受引導後，即可「爲說重玄兼忘平等正法，入眞實際，是名大乘教化之術。」所以重玄思想不是僅止於架構一個道性論就解決了問題，事實上也提到了修練中面對各種氣質的發展，也需要不同的教育手段來開發他們特有的認識能力，再逐步提昇之後，最後才回歸重玄之境，進入大乘解脫的法門。

　　毫無疑問，劉進喜、李仲卿造作《本際經》的目的，是爲了推行教化，推廣重玄之道的流傳。但重玄之道是一種思辯性很強的理論，要在道教中普遍推行這種理論，必然會遇到一些理解上的困難。產生這種困難有文化素養和思維方式方面的原因，而更重要的原因，則在於重玄之道與魏晉神仙道教教理有很大的不同。

　　魏晉神仙道教或內修，或外煉，關注的是「修命」問題，而重玄之道所關注的主要是「心性」問題，以及自我身心與道本體的關係問題。爲了將新時的重玄理論與傳統的經教理論地結合起來，《本際經》分判教法深淺，指明修道可由淺入深，並指明在神仙方術之上還有更高的境界，這對道教的理論發展及重玄理論的普及，無疑都是有促進作用的。

（三）道性論

　　有關受到「中觀」影響的「道性論」〔註21〕說法如下：「言道性者，即眞實空。非空不空，亦不不空，非法非非法，非物非非物，非人非非人，非因非非因，非果非非果，非始非非始，非終非非終，非本非末，而爲一切諸法根本。無造無作，名曰無爲。自然而然，不可使然，不可不然，故曰自然。物此眞性，名曰悟道。……因之與果，畢竟無二，亦非不二，若知諸法，本性清淨，妄想故生，妄想故滅。此生滅故性無生無滅，了達此者，歸根復命反未生也。」（卷四）此中所使用的基本方法，還是不脫「中觀」四句論述格局，最後統一於「不滯於玄」的基準之上。而道性的提出，正指出了成道的

〔註21〕參見姜伯勤，〈論敦煌本本際經的道性論〉，頁 200。該文中指出就佛教史傳中所見道教思想似乎成就不高，事實上在閱讀《本際經》之後，確有截然不同的觀點，特別指出方東美的觀點：「印度的佛教思想同中國道家思想接觸了之後，立刻產生交互作用，就是拿道家哲學的思想精神，提昇佛學的智慧；再拿佛學智慧增進道家的精神。」以此觀點開始思考佛道之間的交會過程以及道教本身的學理改進歷程。

根本假定，也成爲本經的主要理路所在。

有關重玄概念的說明，「帝君又問：何謂重玄？太極眞人曰：正觀之人前空諸有，於有無著，次遣於空，空心亦淨，乃曰兼忘，而有俱遣，遣空有故，心未純淨，有對治故。所言玄者，四方無著，乃盡玄意。如是行者，於空於有，無所滯者，名之爲玄，又遣此玄，都無所得，故名重玄衆妙之門。」（卷八）因此經由各類方便法門的探索之後，如果能夠明悟正理，則不須遍學有法方便之門，也不須習於空想假託悟道，自入眞空了空不空，名爲善解。

這些都立足於中觀基礎上討論的悟道成果。其中有關「道身自然」的觀點，在唐代形成「妙本」的理論發展。這些都與元始天尊的法身身相說法可以互相發揮。這些可以由隋代的《玄門大義》提到有關法身觀點的發展。

其後，在潘師正的《道門經法相承次第》及唐代武后時期孟安排的《道教義樞》中，就確認的此說的重要性。道教在高宗時期，已吸收此種觀點作爲道教神話的重要依據。唐玄宗時代的《一切道經音義妙門由起》中，還不斷的肯定此一說法。

雖然《本際經》大量引用傳自佛教鳩摩羅什的關河系統的中觀思想，特別是三論宗吉藏對於佛性思想的最後歸結，〔註 22〕以爲中道佛性觀點最爲圓通。因此隋唐道教除了以中觀四句方法建立道教中道道性觀點之外，《本際經》也同樣強調源自道教傳統的「道性自然」觀點以及「道性清靜」觀點，因此，姜伯勤將此稱爲道性「自然——眞空論」。〔註 23〕

道性觀點建立之後，進一步處理道教智慧的基礎，以「一切智」、「道種智」、「一切種智」等觀點，以達到中觀應用的經驗體會。

> 了無非無，知有非有。安位中道正觀之域。反我兩半，處於自
> 然。……雙觀道慧，反道種惠（慧），滿一切種，斷煙爐郭，圓一
> 切智，故明眞一。〔註 24〕

因此，基於中觀技巧的發展，在《本際經》中試圖開始建立一個可行的修行方便觀點，這些法門的重要性，正在於開悟與智慧融通的對遣有無的技巧上逐步建立起來的架構。這些部分的努力，基本上總結了南北朝以來的大量引用佛教

〔註 22〕華方田，《吉藏評傳》（北京，京華出版社，1995 年 9 月，一版一刷，201 頁）頁 163～193。

〔註 23〕參見姜伯勤，〈論敦煌本《本際經》的道性論〉，頁 205～206。

〔註 24〕參見《本際經》（收錄於鎌田茂雄編撰，《道藏選錄佛學思想研究資料》），卷四，〈道性品〉，頁 351～355。

的思想方法，至此開始進一步探索道教本身的神學內涵，企圖找出可行的成仙觀點，並且架構在心性基礎之上，來完成另一種上士修道的道教大乘法門。

（四）道　體

「無本道體」論是《本際經》的理論核心。《本際經》關於這個問題的論述，無疑受到佛教中觀影響，同時也看出中國與印度文化、道家與佛教的差別。

中國傳統文化與印度文化的一個重要差別，在中國傳統文化有濃厚的歷史感基礎，中國人對現實的理解和解釋，習慣於發掘出現實的歷史源流，從追溯歷史源流中加深對現實的理解，溯源的終極就是尋跡出始初狀態，所以中國人在解決現實問題時，通常要「正本清源」。

而印度佛教文化的歷史感十分淡薄，她並不十分關注現實的來龍去脈，而關注現實事物之間的彼此關係，著眼於解釋現實事物的存在狀態究竟如何。這種文化特徵反映到宗教哲學上，就是宇宙形成論思維，即從宇宙萬物的存在狀態出發解釋宇宙萬物，如佛教的「緣起性空」等理論。根據佛教的傳統思想，一切法相都不具備真實不變的自性，而皆緣起於因因相待，沒有現實的真實性，所以都是空的，一切現實本體悉皆虛幻。這種理論很符合空淨無染的宗教修養的需要，在理論上也有很強烈的思辨特質，所以東晉以來的士人多服膺其精妙。佛教的哲學與莊子哲學比較接近，所以東晉以來佛教般若學與莊學在相互參証中不斷深入。

重玄之道在最初的形成過程中，曾受到般若學的深刻影響，般若本身也受到莊學的啟發，承接兩晉以來玄學家以莊為老的學風，所以重玄之道雖在形式上表現為發揮老子思想，而理論實質更接近於莊子和般若學。這樣便產生了一個理論矛盾，具體而言，即至道的觀點與老子由「道生」的宇宙生成論到返本還元、返樸歸真的重玄體系矛盾。

前面已經談到，《本際經》認為根性愚鈍的人之所以不能悟入重玄，根本的病因在於對人我妄生分別，而至道本體清淨純一的，沒有是非彼此、有無得失等對立。道體本來空淨，而眾生執著有無，所以不能得道。現在的問題是，至道既然空淨，沒有任何具體的規定性，那麼她就不是所謂「本」或者「根」。如《本際經》卷一《護國品》說：

　　若法性空寂，云何說言「歸根返本」？有本可返，非謂無法。〔註25〕

─────────────

〔註25〕敦煌 p3371 號卷一《護國品》。

歸根返本可以說是老子哲學的終極目的，是老子解決社會問題和人生問題的最終準則，老子將宇宙和社會看作本原順任自然的變化過程，但由於社會生活破壞了自然法則，所以事情弄得越來越紛亂，要克服現實的紛亂，老子認為必須復歸到始初的自然狀態，這個始初的自然狀態即是本根。這個本根之理當然不能是空寂的。

如何解決這個矛盾呢？《本際經》說，所謂歸根返本其實是「返於無本」，只要心中空靈明淨，便與道本體合二為一了。這樣的體道論，與其道本體論顯然存在著密切的邏輯聯繫，道體論受到般若學影響，而與道教傳統的「道生」觀念有別，道體論也必然要對傳統的返本還元、返樸歸真進行重新解釋。根據這條思路，《本際經》將道教的自然得道思想與佛教的空靈明境界結合起來，為重玄之道以及禪宗的思想發展合流，奠定了此期的思想基調。

《本際經》對道佛二教的這種融合，在思想理論上是頗為精深的，而其思想起點，卻是一個有關道教神學的問題，即「元始天尊未得道時宗祖所固、本根源起」問題，因此《本際經》就這個問題解釋說：

> 夫道，無也，無祖無宗，無根無本，一相無相，以此為源。了此源故，成無上道，而獨能為萬物之始。以是義故，名為元始。既稱元始，何得復有宗本者耶？〔註26〕

概括而言，即元始天尊為「無因正果」。元始天尊即是「道身」（即元始天尊是道），代表了體與道合二為一的最高境界。

進而言之，既然「道身不從因生，自然有者」，為什麼神尊又要傳演經教引道眾生修習呢？《本際經》說：

> 今言道者，寄言顯示，令得悟入，解了無言，忘筌取旨，勿著文字。所言道者，通達無礙，猶如虛空，非有非無，非愚非智，非因非果，非凡非聖，非色非心，非相非非相，即一切法，亦無所即。何以故？一切法性，即是無性，法性道性，俱畢竟空。是空亦空，空無分別。……而諸眾生不能解了如是義，故於無法中，而生法想，於不空中，而生空想，以有如是，心想倒故，而有見著。具是四倒，妄造諸法，計我及物，故名生死，不得道身。天尊大聖，了此實性，畢竟無性，洞會道源，故名得道，身與道一，故名道身。〔註27〕

〔註26〕敦煌 p2795 號卷三《聖行品》。
〔註27〕敦煌 p3280 號卷九。

這段話的意思是說，眾生之所以隔離於道，是因爲眾生由心想而生出許多幻相，在幻相中分別眞幻有無等，就不能夠與本無分別的道體實性合一，所以聖尊要立經教破除眾生心中幻相。但對於經教又不能太執著，不要在語言文字裡窮其宗極，而要「忘筌取旨」，因爲經教只道旨的載體，而不是道旨本身。這樣，由經教而破心想幻相，又忘經教而體會道旨，便識因緣皆假，達理教俱空，達到與道本體的同一，是即重玄兼忘之道。

（五）重玄道性

《本際經》的宗旨是「將示重玄義」，重玄是一種思辯性很強的理論，但又不能停留於理論思辯，還要最終落實到修養上，否則便只是思想游戲，而沒有推行教化的實際意義。從這個角度看，《本際經》之闡發重玄之道，是從重玄的理論高度探討比神仙修煉更深妙、境界更高的修養方法，即發明「道性」，也即發明「清淨心」。所謂重玄，在這裡便可理解爲這種修養方法。請看《本際經》卷八《最聖品》如下一段文：

> 夫十方天尊發心之始，皆了兼忘重玄之道，得此解已，名發道意，漸漸明了，成一切智，其餘諸行，皆是枝條。
>
> 帝君又問：何謂兼忘？太極眞人答曰：一切凡夫從煙熅際而起愚痴，染著諸有，雖積功勤，不能無滯，故使修空，除其有滯。有滯雖淨，猶滯於空，常名有欲，故示正觀。空於此空，空有雙淨，故曰兼忘，是名初入正觀之相。
>
> 帝君又問：何謂重玄？太極眞人曰：正觀之人，前空諸有，於有無著，次遣於空，空心亦淨，乃曰兼忘。而有既遣，遣空有故，心未能淨，有對治故。所言玄者，四方無著，乃盡玄義。如是行者，於空於有無所滯著，名之爲玄，又遣此玄，都無所得，故名重玄，眾妙之門。〔註28〕

「遣」和「又遣」出《道德經》「遣之又遣」，後秦僧人鳩摩羅什注《道德經》時，將這句話概括爲「雙遣」，意即遣除有無雙見；「兼忘」語出《莊子》，本意指內忘身心，外忘萬物，在這裡與「遣之又遣」爲同義語。

根據《本際經》的看法，世俗之人執滯於物質幻相，認爲世間萬物萬象都是「有」，所以雖或勤苦地積功累德，但終歸還是滯溺於物質幻相，不能體

〔註28〕敦煌 P3674 卷八《最聖品》。

合玄道，於是需要修空觀，勘破物質幻相。但這種空觀是與有相對待的，沒有達到真正的清淨，所以空觀也須遣除。這樣修行人既不存著「有物」的想法，也不存著「空無」的念頭，就達到了兼忘的修養境界，兼忘即「忘」，再將兼忘的意圖遣除開，使心中徹底地無所執滯，便是重玄之境了。

顯而易見，達到兼忘重玄的修養界，「非但不須學有方便，亦復不須習於空想。」關鍵在於發明自有的「清淨心」。

發明清淨心是主觀的修養，而「至道」並不完全是主觀的，何以見得發明了清淨心就能與至道相契合呢？於是要對「道性」，亦即道體的本質規定進行研究。《本際經》說：

> 言道性者，即真實空。非空不空，亦不不空，而為一切諸法根本。無造無作，名曰無為。自然而然，不可使然，不可不然，故曰自然。悟此真性，名曰悟道。了了照見，成無上道。一切眾生皆應得悟，但以煩倒之所覆蔽，不得顯了，有理存焉必當得，故理而未形，名之為性。〔註29〕

這些說法，即所謂的「道性清靜論」或「道性自然論」。所謂道性是「真實空」，意即道性本來清淨。在本來清淨這點上，道性與眾生本來心性是同一的，只要眾生能夠掃落心中蔽障，就能體現出道性，亦即得道。得道者「猶如虛空，圓滿清淨，即是真道，亦名道身，亦名道性。」〔註30〕

掃落心中蔽障只是一種比喻，意指清除心中各種煩惱顛倒，如此與老子主張的觀點「遣之又遣」的方法有關，並非執著地要心中空無一物。如果修道者總覺得心有所思，有所想，因而懷疑能否體現出清淨本性，失去體會至道的信心，那就是被「執心住空」耽誤了。既要空又不能定執於空，似得矛盾，得難作到，怎麼解決這個問題呢？《本際經》有偈頌說：「眾生根本相，畢竟如虛空。道性眾生性，皆與自然同」。〔註31〕一句話，要順任自然，所謂「真實空」、「真道性」、「清淨心」等等，其實就是「自然正理」。這樣，《本際經》雖在辭例上多所援引於佛教，又最終回復到道家「道法自然」的修養論上來。

《本際經》影響一些重要的道教學者，如初唐重玄學大師成玄英的道體論思想及無有真宰的自然獨化論說，就明顯以《本際經》的無本道體論為邏

〔註29〕敦煌 p2806 卷四《道性品》。
〔註30〕敦煌 p3280 卷九。
〔註31〕敦煌 p2806 卷四《道性品》。

輯起點；高宗朝重玄學的代表人物李榮，在長安與佛教學者論辯，也據此經立「本際」義；隱居嵩山的潘師正，曾申述《本際經》義理，解答高宗武后之訪道問道，其弟子司馬承禎在《坐忘論》中所闡發的清靜真性思想，也明顯可以看出對《本際經》清淨真性理論的進一步發揮。

另外，此經在唐初已有同代學者著述的《義疏本》傳世，敦煌 p2361 號為此經卷三《聖義品義疏》，抄寫於景龍二年（708 年），說明《本際經》是唐初道教中人熱衷於研讀的經書。唐代重要道士如吳筠、葉法善都有開講此經的紀錄。形成廣泛而深刻的影響，此經反映了重玄之道發展的時代思潮，同時它又對這種思潮起到了推波助瀾的作用。

從字面上看，《本際經》多援引佛經辭例，這種援引的發展意義，實際上對佛教學理的中國化及道教化過程中，發揮其中介作用。而就論理體系而言，則《本際經》對佛教空靈明淨境界與道家「法自然」思想的融合，對慧能的南宗禪也有所影響，禪宗的思想實質，大概而言，可以說就是以佛教空靈明淨境界與中國莊子式的任自然思想的結合。這種影響是無形的，還有一些有形有跡象的影響可尋。

如《壇經》開篇說：「惠能大師於大梵寺講堂中，升高座，說摩訶般若波羅蜜法，授無相戒。」郭朋先生校釋說：「『無相戒』，表明他確是在宣揚由他所開創的那種『教外別傳』的禪法」。〔註32〕無相戒對傳統佛教來說是「教外別傳」，是宗門禪立宗的一個重要標誌。但這個標誌的出現，可能與《本際經》有關，《壇經》卷二《付囑品》：「誡有二種，一者有得，二者無得。有得誡者，三誡五戒，止惡防罪，未達方便，名有得誡。……若識諸法畢竟空寂，是名正誡，無持無犯，開四觀門，為道根本。」潘師正答高宗問道時，引《本際經》云：「無得戒者，即上機之人，靈識惠解，業行精微，離諸有心，不嬰塵染，體入空界，跡蹈真源，不求常樂而眾善自臻，不屬人間而諸惡自息。本自無持，今即不犯，無犯是名無得。」〔註33〕這表明《本際經》無得誡的提法，在慧能開創宗門禪的高宗武周朝，已經傳播開來。而無相戒與無得誡，只是同個意思的兩種說法而法。

中唐禪宗的發展，還有受到《本際經》影響，如佛教有《寶藏論》一書，

〔註32〕郭朋，《壇經校釋》第 1～3 頁，中華書局 83 年版。
〔註33〕《道藏》太平部《道門經法相承次序》（收錄於《正統道藏》，諸一函），卷上，第十一葉。

舊題僧肇撰，據湯用彤先生考訂爲僞托，並說：「此論之流行，與禪宗當有關係。」「似此論爲中唐以後，妄人取當時流行禪及道教理論湊成，托名僧肇。」〔註34〕今檢《寶藏論》，義旨往往有與《本際經》相通處，而且多處出現「本際無名」、「本際無相」、「妄惑遂生，眞一下沈，道宗事隱」、「然彼眞一而有種種名字」等用語，校讀二書用辭之例，大有似曾相識的感覺。從這些現象看，中晚唐禪僧對道教流行的《本際經》，或對道士經常談詠的《本際經》義理，大概也有所聞知。思想理論上自覺不自覺的影響，自不免要發生。

回過頭來，我們可以發現《本際經》雖然大量的引用佛教學理名詞，可是在架構的過程之中，大多數使用的技巧除了般若中觀思想之外，其實也大量的引用傳統道教的思維習慣，試圖眞正整合傳統與現代思維，特別將眾生劃分成多種類型，並且提出各種可能的教化方法，這些都是有實質的內容，決不是只靠抄襲術語就可以解決道教的種種衝突問題。就此看來，《本際經》的出現，除了時代性的因素與理論創造之外，因爲其探索的深度與廣度，被大多數的道教學者所重視，並且加以發揚光大，成爲後來各派學者爭相學習引用的重要理論工具，因此這本經的創造過程中，雖然爭議性很大，卻有一定的關鍵性地位，尚需要更多的細緻研究功夫加以確認。

（六）空

基本上《本際經》討論空常用對立的觀念呈現，並且引用「空」、「不空」作爲主要的分別概念，如：「能了諸法，本無實相，皆悉是空，爲利益故，隨順世間，方便引誘，假名稱見，雖見於有，知有不有，乃見於空，知空亦空。」（卷一）此段引文說明所有的現象本來就不是恆久的現象，爲了方便大家了解所以假說唯有，雖然說有，也知道有不是永恆的，只是變動的一種狀態，再進一步觀察空的變動狀態，知道空的狀態也不是永恆的。此時的「空、有」作爲一個對立的觀點存在，用來解釋現象變化的狀態。

其次討論煩惱斷滅，「所謂得道，得無所得，所謂斷滅，斷無所斷，何以故？煩惱生空，執計爲有，以執心故，名爲煩惱。若知煩惱，本性是空，心無所著，諸計皆盡，明斷煩惱。」（卷一）

關於討論淨土的觀點，有「諸法清靜，一相平等，本無淨穢，優劣之別。皆由眾生，業緣所感，隨其福報，所見不同。」（卷一）

〔註34〕湯用彤《漢魏兩晉南北朝佛教史》上冊，第235頁，中華書局83年版。

（七）身、口、意

有關修行則以三法對應佛教傳統的身口意概念，衍生包括「心善行法」、「身善行法」、「口善行法」等等，建立相關道教戒律觀點，如此可消除三業糾結。三業清後，則六根清淨。「三業既淨則六根淨，六根淨已則六塵淨，六塵淨已則諸法淨，諸法淨已則國土淨，國土既淨則無所染，無所染故則無煩惱，既無煩惱則爲安樂。」（卷一）因此人所在處自然安樂，託生淨土。

（八）戒　律

至於「戒律」問題，則分兩種：「誡有兩種：一者有得，二者無得。有得誡者，三誡、五誡、九誡、十誡、廿七誡、百八十誡、三百大誡，止惡防罪，未達方便，名有得誡。止離三塗及人中苦，未入道分。若識諸法畢竟空寂，是名正誡無持無犯，開四觀門爲道根本。」（卷二）此種觀點基本上可以溯及《想爾注》以來的戒律概念，並且加以強化戒律的內涵。

另外如善解「念經」之相，以長存觀想，道經本無文字，應正觀「實相」達其旨趣，而不溺於經文的穿鑿附會。這些皆與佛教「中觀」思想相互爲用，與南北朝以來《老子》注釋體系概念一脈相傳互相發揮，使得道教在隋唐之際有長足的進步，這個趨勢頗近似後期佛教禪門的發展旨趣。

（九）氣觀、神觀

至於「雙觀」概念，可見于《本際經》卷六「淨土品」中：

> 所謂一種，是發無上，自然道意，如是正因，最爲根本。又有二種，
>
> 所謂二觀，氣觀、神觀，即是定慧。〔註35〕

由此對應可知，氣觀可對應於佛教的「定」，神觀可對應於佛教的「慧」，此即所謂「定慧雙修」的道教式解釋觀點。因此經由定慧觀法可徹見道性，萬善百行則深種淨土，將智慧修行與身體力行結合爲一，就宗教體驗上，是相當重要的經驗性結合說明。

此外就道教學理的判教思想而言，《本際經》繼續肯定宋文明以來所推崇的道教「十二部」典籍分類法。〔註36〕這也是源於靈寶派的重要學理特徵。

《本際經》十卷中，大多數還是引用佛教的觀點，大量敷陳不滯中觀的

〔註35〕參見《本際經》，卷六，〈淨土品〉，頁361。
〔註36〕大淵忍爾以爲《通門論》爲宋文明爲主的靈寶派的重要理論代表作品。參見砂山稔，《隋唐道教思想史研究》，頁212～224。

各種應用技巧，將淨土、無得誠、道性及修行等等問題整合起來，因此成為隋唐道教重要的關鍵性靈寶派典籍，在唐人道教中，常常被引用作為討論問題的基礎，其中思想，非常明顯的呈現出重玄思想特有的思辨性質。

因此，就《本際經》的發展而言，靈寶派典籍主要尊《靈寶五篇真文》，其次以《昇玄內教經》開展理論，再以《本際經》建構隋唐道教的神仙修練之重玄說法。並且發展自南朝以來典籍整合分類原則，成為整個道教共通的基本判教格局，並且在其他不同道派的道士與帝王的支持下，《本際經》展現的道教重玄系統學理被確立為道教的重要依據。

至於《本際經》的考察，砂山稔氏有一些對照性的處理，以為唐代通行的十卷本《本際經》基本上與敦煌所見本無差。並且以潘師正的《道門經法相承次第》所引用的資料進行對照研究，得到結果《本際經》卷二、卷八、卷九文字上大同小異。至於卷十，可能差異稍大。其他散見《道藏》中的異名經典，則有《太上洞極最勝無等道極經》相當於《本際經》卷八。《太上決疑經》相當於《本際經》的《太玄真一本際妙經》卷二的（《元始洞真決疑經》）。《太上開演秘密藏經》為《太上洞玄靈寶開演秘密藏經》相當於《本際經》卷九等。〔註37〕

《本際經》多援攝佛經理念，但基本義旨則是道教重玄之理，可以看作繼《昇玄內教經》之後，以創造道教經書的形式進一步闡發重玄理論，此種整合性的發展觀點，在唐代道教積極廣泛地傳播其理論，成為時代的重要思想標誌。

這部經在隋及唐初的道教中有很大的影響，如《道教義樞》、《三洞珠囊》、《要修科儀戒律鈔》、《道門經法相承次序》、《一切道經音義．妙門由起》等道書頻繁稱引此經，唐玄宗時還三番五次地詔令全國各大道觀轉抄《本際經》。

四、劉進喜《老子》疏

唐代武德前後，比較著名的道士，除了傅奕、李淳風、李仲卿、王遠知等，還有劉進喜。劉進喜有《道德真經疏》作品六卷，不過都喪失了。而就杜光庭的觀點而言，劉進喜也是以重玄派的觀點解釋《老子》的理論。目前只在宋朝李霖的《道德真經取善集》找到相關引文題名劉進喜的解釋（就內容上尚有爭議）：

〔註37〕參見砂山稔，《隋唐道教思想史研究》，頁 234～244。

為無事，修道業也。事無事，見道相。味無味，達道理。（六十三章）

貪欲無厭，謂之甚愛，欲甚喪身，故云大費。（四十四章）

保養眞性，不輕染欲，自愛也。謙卑靜退，先物後己，不自貴也。（七十二章）

有爲則政繁，無爲則事簡，簡則易從，繁則難制。六情難制，由一心之有爲。（七十五章）

匠成萬物，爐錘群生。有大功巧而忘功用，晦跡同凡，故日拙也。

聖人無心，有感斯應。應隨物感，故以百姓爲心，既無心應，亦無不應。

神者，效驗靈也。非此鬼無靈效，但人君用道，鬼乃福佑於人，不能傷害於物。〔註38〕

這些條文中都未曾討論重玄的說法，但可以看到關於《老子》應用上的功夫所在，這些說法多數都以《老子》學理爲基準，討論人生修道的意義。因爲所得資料甚少，難以窺見全豹，只留下一些作爲未來進一步討論的參考。

劉進喜在唐初爲影響力很大的道士，不過因爲學理資料存留過少，對於重玄思想難以有更完整的論述，不過，在《本際經》的創作中則有非常豐富的內容。後來的成玄英與李榮兩位道士則繼之而成爲主要的重玄派思想領導人才。不過劉進喜除了《老子注》佚文之外，《本際經》與這些佚文觀點大致類似。《本際經》的實質影響力，爲唐朝道教學者屢屢應用的重要典籍，此處不再重述。

五、蔡晃《老子》注

蔡晃（或稱爲蔡子晃）爲貞觀年間著名的道士。他曾參加佛道論辯，有一定的學養根基，特別是對於佛教三論學說的理解似有獨到之處。史稱其通三論學及《法華經》，被列爲道門之秀，所處時代則約與成玄英同時。其《道德經注》已經散逸，在託名顧歡的《道德眞經註疏》以及李霖《道德眞經取善集》中可找出十九條相關資料。此中更明顯看出引用佛教詞彙概念解釋方法：

〔註38〕參見李剛，〈道教老學重玄學派〉（《宗教學研究》，1996年，第一期），頁13。

「識、身、命、財」爲四達，「無知」謂心無分別也。（十章）

利物爲「善」，弘濟曰「救」，救群生於十方，即之本土，運常善以冥被，惠澤均平、含生蒙益，反流會道。（二十七章）

道體凝寂，眞際不動，故曰「無爲」，應物而動，物無不用，故曰「無不爲」。（三十七章）

以無分之術，混有分別之心，眾生既有善不善，有信不信，有分別二見，聖人皆善皆信，究竟玄同，故云「渾」。（四十九章）

夫眾生失無爲之靜本，造有爲之穢業，出沒隱顯，生死輪迴。所以從無適有，名曰「出生」；自有歸無，名曰「入死」。（五十章）

始，本也。言一切眾生，沉淪五欲，不知根本，隨流逐末，飄浪生死。（五十二章）

這些資料中，可以看出蔡晃大量引用佛教說法的證據。將道體（眞際）作爲最高的標準，以「無爲靜本」解脫「有爲穢業」，進而回歸凝寂不洞的眞道，實現不死不生的最高境界。其中引用「冥於造化，物我俱忘」、「執著我身，不能忘遣」、「冥乎造化，物我俱亡」、「心無分別」，這些是否足以明重玄之道？似乎還需更多資料進一步推理，至少就上文可見，已有「遣執」之說出現，這些還大致符合三論說的思想應用範疇。這兩家大致與成玄英同時或稍早，但是資料有限，雖被列入重玄學的重要代表人物，然而限於資料的掌握，還難以進一步了解其所處的地位。相對於成玄英與李榮，兩位學者似乎開創上尚未明顯展露出來。

第二節　唐初佛道論爭

佛道之爭自南北朝以降，都是當時社會的重要現象。歷來佛道宮廷之爭，往往涉及帝王對於宗教的支持度，所以特別受到重視。所以北朝兩次法難，〔註39〕幾乎都和佛道之爭有關，到了隋唐時代也不例外。而佛道論爭的

〔註39〕北朝兩次法難分別爲北魏太武帝時期由崔浩共同發動，將道教列爲國教。北周武帝則希望支持道教，最後爲了以示公平，將佛道二教都加以明文禁止。但另外設置了通道觀，將三教人物納入其中。兩次發生的問題都與佛道二教之爭有關，所以隋代開始以支持佛教爲主，但道教還是受到重視，唐代則改支持道教，與當朝之基本國策有關。

主要戰場，通常展現在宮廷辯論上最具有代表性，其影響力也相當大，特別是當唐代將道教定爲國教之後，佛道之爭依然未息，反較之過去更爲激烈。

　　唐初佛道論爭，最重要有三次，第一次是傅奕反佛事件；第二次是佛道關於《老子》譯漢爲梵有關用字的爭辯；第三次是李榮等與佛教的多次往復辯論。三次論爭之中，基本上唐代帝王大多站在維護道教的基本國策面進行三教論辯。〔註40〕

一、高祖時期的論爭

　　唐代佛道歷次論爭中，就性質與內容而言，其影響較大的有三次。第一次發生在初唐時期，親道教的大臣傅奕上書皇帝，列舉佛教十一條罪過要求貶抑佛教，主旨大列如下：道教可以治國、適合本國國情；佛教則勞民傷財不合中國國情，危害國家等等。〔註41〕

　　唐代傅奕反佛教的激烈程度，甚至到了臨終時期，在戒子訓示中仍然堅持：「老莊玄一之篇，周孔六經之說，是謂名教，汝宜習之」（《舊唐書》「傅奕傳」）。細查傅奕的說法，不過是傳統儒家「夷夏之辨」觀點的延伸，〔註42〕雖未能超脫傳統歷史的觀點，傅奕的爭論要點卻頗具重要性。他在唐朝建國之初，就把老子定位爲道教教主，並把道教說成是可以治國的宗教。至於「夷夏之辨」作爲抗爭的手段在道教方面應用最頻繁。〔註43〕

　　歷史上曾經多次造做《老子化胡經》，〔註44〕主要內容爲老子西度沙漠之

〔註40〕本節所使用的材料，還是以釋道宣《集古今佛道論衡》所收錄的材料爲主。

〔註41〕全文參見傅奕，〈上廢省佛僧表〉（收錄在釋道宣，《廣弘明集》）卷十一，頁166。

〔註42〕引起夷夏之辯的主要代表人物，是南北朝時期的道士顧歡，著有《夷夏論》一文，引起大量的僧道辯論，因此佛教方面有人將這些討論集成《集古今佛道論衡》與《續集古今佛道論衡》、《弘明集》、《廣弘明集》等作品。

〔註43〕其實夷夏之爭的使用，大多數還是儒家使用最爲頻繁，道教使用這個觀點，基本上在顧歡的《夷夏論》中爲最主要的訴求點。但是唐代的影響較大，主要原因在於唐代將老子視爲李唐的祖先，因爲政治力量的介入，使得這個理由往往相當充分。所以在後來的辯論中，佛教有意無意迴避關於老子神話的論爭，僅就思想體系內容進行辯論。

〔註44〕依照福井康順的說法，《化胡經》系統在道教目錄及發現的敦煌佚書內，大致有八類：1.《老子化胡經》一卷、2.《老子化胡經》，一名《正內正外經》兩卷、3.《老子消冰化胡經》一卷、4.《尹氏化胡經》四卷、5.《老子西昇化胡經》一卷、6.《老子化胡經》十卷、7.《太上混元皇帝明威化胡成佛經》四卷、8.《化胡成佛經抄》一卷。其中唐代較有代表性的是第六類十卷本《化胡經》，

後化身爲佛陀降生印度，因其人民風俗不同而以設立佛教道理啓悟眾生。其中尤其重要的是強調道教可以治國的理論，此種精神在道教與皇帝的各種場合的對話之中屢見不鮮，特別唐玄宗更精於此道。〔註45〕

以上傅奕的主張，雖不一定能代表當時道士的全部觀點，如道士李仲卿作《十異論》，〔註46〕除依據《化胡經》傳說講求「夷夏之辨」外，還說道教是「生道」，佛教是「滅道」，把長生作爲「老君垂訓」的主要內容。但傅奕在唐初所提出的意見，以及對於老子學說的推崇等現象，卻預示了唐朝道教後來的發展方向。而從《化胡經》以來，之後還有一些衍生經典如《西升經》，也成爲唐代重要的重玄思想經典。

二、太宗時期的論爭

第二次的爭論發生在貞觀二十一年，唐太宗命玄奘把《老子》譯爲梵文，並請道士蔡晃〔註47〕、成玄英參加。蔡、成兩位主張用《中論》、《百論》觀點來解釋《老子》，遭到玄奘拒絕。蔡晃等同時主張把「道」譯爲「菩提（Bodhi）」，〔註48〕玄奘堅持譯爲「末伽（Marga）〔註49〕」。〔註50〕這些爭論，反映了道

參見福井康順，〈道教研究基礎的諸問題〉（福井康順，《福井康順著作集》，京都，法藏館，昭和六二年六月），頁8～9。唐代的主要版本爲十卷本《化胡經》，敦煌卷中目前學者常用有 Vol.1:P2007、S1857；Vol.2:S6963；Vol.8:P3404；Vol 年 10 月:P2004。

〔註45〕可參見唐玄宗的《道德經注》與《道德經疏》中申論的主題中最有代表性。

〔註46〕參見釋道宣，《辯正論‧十喻篇》（釋道宣，《廣弘明集》，卷十三），頁183～184。

〔註47〕蔡晃也被視爲重玄派的代表法師之一。不過其作品沒有存留，難以了解主要的思想內涵，至於成玄英作品存留較多，討論的部份比較可信。二者皆引入佛教中觀思想討論道教的教義問題，所以翻經問題成爲教義之爭，最後不了了之。

〔註48〕「菩提」一詞，在舊譯佛經中用「道」一詞爲常例，後來譯經時以爲不妥，所以改用『菩提』。藉此與玄學之「道」作爲區別。菩提有覺悟與通達的意思，包含方法與途徑，泛指斷絕煩惱，成就涅槃的智慧。所以道教要求應用此例，有古例可查，並非過份要求。不過佛經特別認爲此種智慧只有佛具足，與佛性概念息息相關，故釋玄奘不願意將此用於道教術語之中，實暗指道教未達佛陀之眞實智慧。

〔註49〕「末伽」一詞，泛指外道智慧，指爲方法和道路。與菩提之「覺」義自有高下之別，可見此種爭端與教理之爭實相表裡，故雙方爭議難以妥協。此二詞之爭議可以參見道教學者李養正，〈關於唐初僧道譯《老》爲梵的爭議〉（《世界宗教研究》，1996，第三期），頁83～90。

教極力想參用佛教的精神來強化自身的內涵，藉此建構道教教理難與佛教高僧抗衡。

不過成、蔡兩位的觀點和當時稍晚出現的道教理論性質作品如《道體論》、《玄珠錄》等所提出的主張極為一致。最後爭議最大的部份是在最後有關《老子》的「序言」翻譯問題。玄奘所依據的翻譯底本，是唐朝流行的《河上公本》，〔註51〕蔡晃等主張把序言一併譯出，玄奘認為這種陳述「叩齒咽液」的序言，「同巫覡之姪哇，等禽獸之淺術」而不肯翻譯。〔註52〕

就玄奘的攻擊角度而言，指出道教的主要精神所在及應進一步更正的缺失。不過此段論爭的資料到了宋代又被佛教僧傳學者大量刪除，所以在關於釋玄奘的傳記之中反而未見此事蹤跡，甚至讓人以為唐朝此論爭毫無成就可言。

如今有學者指出，此時所進行《老子》梵文譯本應當有傳到印度地區。〔註53〕反觀此段文獻紀錄，似乎呈現強烈傾向佛教方面的思想陳述狀態，所以無論從任何角度看來，都是道教的錯。因此這一部份的由佛教保留下來的論爭題材，尚不適合作為是非的論斷標準。

〔註50〕　參見楊廷福，《玄奘年譜》，頁 228～229。釋道宣，〈文帝詔令奘法師翻老子為梵文事第十〉（釋道宣，《集古今佛道論衡》，《大正藏》，第五十二冊）卷丙，頁 386～387。

〔註51〕　有關《河上公本》的年代問題，也是眾說紛紜，本文以為至少在東漢末年已經出現，因為饒宗頤先生在比較《河上公本》與《想爾注》之間，發現《想爾注》有不少地方師承《河上公注》的想法，又以張魯為《想爾注》的作者，則《河上公本》當比此書更早。但《河上公本》出現之後，可能會有歷代附益之處，日本學者此懷疑有部份為唐代作品，所以在使用時，仍需小心引用。參見王清祥，《老子河上公注之研究》（臺北，新文豐出版社，民國 83 年 9 月，初版，242 頁）、饒宗頤，《老子想爾注研究》。

〔註52〕　參見釋道宣，《集古今佛道論衡》，卷丙。

〔註53〕　參見楊廷福，《玄藏年譜》，頁 228～229。

第三章　高宗期道教學術

第一節　高宗時期的三教講論

　　在唐高宗佛道進行過多次三教辯論，而高宗也是歷史上護持道教的著名皇帝。在論辯的過程中，道教方面主要是以道士李榮爲主，首先李榮設定「道生」義作爲辯論的起點，講「道生萬物」；佛教攻擊「道爲何生善又生惡」。〔註1〕道教方面再立「老子名」義，佛教則攻擊不應把皇帝祖上的名字拿來立義。立「本際」義，講「道體」內涵問題，〔註2〕此外還有一些其他角度的討論。

　　大多數道教學者立論中心思想，不脫老子崇拜。佛教方面在反駁中，則因爲時代因素至少對《老子》經文仍然給予一定程度的肯定。如隱法師認爲：「至如《五千文》內，大有好義。」靜泰說：「《老子》二篇，《莊生》內外，或以虛無爲主，或以自然爲宗，固與佛教有殊，然是一家恬素，至於其他靈寶、上清、三皇等道教經典，則不足論」。佛教還特別攻擊道士們「手把桃符腰懸赤袋，巡門厭鬼歷巷摩兒」、「不異淫祀邪巫」，而不同於佛教的「情虛」。〔註3〕宗教間的論爭，使道教一次比一次清醒，要爭得自身的存在和發展，必

〔註1〕　此論亦爲佛教早年爭議的大問題之一，即佛性本善或佛性有善有惡，基本上佛教多承認「眾生皆有佛性」，不過前論中也提及至少天臺宗有性惡論的說法、唯識宗也有一種不能成佛的說法，佛教當時亦未能完全解決此一問題。

〔註2〕　此中主要的關鍵，在將以重玄否定的現象架於道體之下，以道體作爲肯定的依據即修行上的依靠。以道生萬物、老君崇拜等問題作爲整體的思考。而佛教肯定老子，但否定所以依託老子的道經作品。

〔註3〕　參見釋道宣，《集古今佛道論衡》，卷丁。

須向「情虛」方向發展，提高老子的地位。

　　此處雙方論爭的基本發展方向，與巫術關連不大，至於唐代民間另有大量流傳道教國師葉法善與佛教鬥法的系列故事，則與此處學理爭執的關係不大，並且與道教學理的建立過程較無關係，不另作討論。

　　以上大多數有關這些爭論的過程，還是以釋道宣的史料紀錄爲主。道宣是佛教律宗大師，他的《集古今佛道論衡》一書中，主要記述了道教屢次面對佛教論辯的失敗紀錄（而且似乎只有佛教獲勝，完全看不到道教有獲勝的現象），這基本上並非事實。〔註 4〕不過，即使在這樣可能有偏失的資料紀錄中，就雙方爭辯的過程而言，道教方面明顯地漸漸提高自己的理論思辨水準。

　　高宗顯慶三年（658）御前佛道論辯，佛教方面由大慈恩寺沙門義褒立義「摩訶般若波羅密」。李榮問：

　　　　問：義標「般若波羅密」，斯則非彼非此，何以言到彼津？

　　　　答：般若非彼此，嘆美爲度彼。

　　　　問：非彼非此嘆度彼岸，亦應非彼非此嘆到此岸。

　　　　答：雖彼此兩亡，嘆彼令離此。

　　　　問：嘆彼不嘆此，亦應非此不非彼。

　　　　答：嘆彼令離此，此離彼亦亡。

李榮的詰難，也能夠抓住對方理論要害，使得義褒的回答，也有技窮之感。既然能夠聲稱「彼亦亡」，何言「到彼岸」。如果「非彼非此」，何言「離此」。此不可離，彼不必到，亦彼亦此，非彼非此，非非彼非此……如此下去，才算較爲徹底。李榮沒有窮追，但李榮的辯論中，可以看出道教理論思辨水準已經有顯著的提高。〔註 5〕

　　回過頭來思考佛教追求的「涅槃寂靜」，實際上是一種心靈的境界，它不同於基督教的「天堂彼岸」。所謂「非彼非此，亦彼亦此」，正是對這種境界的準確描述。禪宗單刀直入，「直指人心」，講「見性成佛」，正是抓住了佛教

〔註 4〕　三次辯論中，道宣所記皆以道教落敗作爲收場，不過也有相對論點指出這恐怕只是佛教的一面之詞，道教可能有贏的部份，但語意不明難以分辨，道教本身對於此類辯論也未曾由留下可靠的記錄，故只能存疑。就所記錄中的說法而言，道教也不見得失敗，所以此部份在宗教研究中成爲重要的公案，研究作品不少，但尚未有充分的結論出現。

〔註 5〕　此種論難方式，與重玄派使用的般若中觀四句論式的技巧有關。此亦爲重玄學努力消化的對象。

的核心要義。唐代道教最先接受了佛教的這個眞諦，並以這種精神來重新注釋或創造屬於自己的經典。

　　總體而言，隋唐佛道論爭如果是涉及到佛道二教地位問題時，則排斥性非常強烈，往往充滿著火藥味。如果言及義理教義問題，則主張融合者較多。因此道教與佛教的關係頗爲微妙，道教取法佛教的地方也很廣泛，而重玄思想的發展，正是此一過程的重要標竿。

第二節　成玄英《老子義疏》

　　成玄英，字子實，陝州人（今河南陝縣），生卒年不詳，曾隱居東海。貞觀五年（631 年），太宗李世民召至京師，加號「西華法師」，高宗永徽（650～655年）中流鬱州。在流放期間注疏《老》、《莊》及撰述其他著作。「書成，道王元慶遣文學賈鼎就授大義，嵩高山人李利涉爲序，唯《老子注》、《莊子疏》著錄」。〔註6〕《新唐書・藝文志》錄：「注《老子道德經》二卷，又《開題序訣義疏》七卷。注《莊子》三十卷，《疏》十二卷」。〔註7〕宋人陳振孫《直齋書錄解題》卷九則云其撰「《莊子疏》三十卷」，《文獻通考》卷二百十一錄其「《莊子疏》三十三卷」，今《道藏》本存郭象、成玄英《南華眞經注疏》35 卷，〔註8〕並收入清人郭慶藩《莊子集釋》一書。〔註9〕成玄英《老子》注疏已散佚，散見於強思齊《道德具經玄德纂疏》和託名顧歡《道德眞經注疏》。〔註10〕現有成玄英《老子》注疏的三個輯校本：蒙文通《老子成玄英疏》6 卷；嚴靈峰《道德經開題序訣義疏》5 卷；日人藤原高男《輯校贊道德經義疏》。〔註11〕其中蒙本成書最早，嚴本次之，藤原本晚出，並對蒙、嚴二輯校本有指正辨難。另外，成玄英曾對靈寶派經典《度人經》作注，目前收入宋人陳景元《元始無量度人上品妙經四注》。〔註12〕這裡主要據其《老》、《莊》注疏對他的重玄思想作分析。

〔註6〕　歐陽修，《新唐書・藝文志》第 5 冊第 1517 頁。
〔註7〕　歐陽修，《新唐書》第 5 冊第 1517 頁。
〔註8〕　收錄於《正統道藏》新文豐本，第 27～28 冊。
〔註9〕　見《新編諸子集成》，中華書局本，第一輯，1961 年版。
〔註10〕　見《正統道藏》，新文豐本，第 22 冊。
〔註11〕　蒙本見 1946 年四川省立圖書館石印。嚴本見《無求備齋老子集成初編》（三）。
　　　　臺灣藝文印書館・藤原本見《高松工業高等專門學校研究紀要第二號》，1967
　　　　年。本書所引成玄英老子注疏據嚴本。
〔註12〕　《正統道藏》，新文豐本，第 3 冊。

　　《成玄英疏》對「道」的理解，和《道體論》、王玄覽等一樣，認爲道是「不有而有」、「不無而無」、「道不離物」、「物不離道」（第二十章），這是通達佛理的道士對道的重玄觀點性質的共同理解。

　　在「有」、「無」問題上，他延續佛教中觀的思想，先以「有」、「無」相對，其次「遣有」、「遣無」，達到「不滯」於「有」，也「不滯」於「無」，甚至「不滯於不滯」（第一章）。此「中一之道」將相對性的「無」也加以否定。但他的基本立場，卻是「塵境虛幻」（第三章）、「物我皆空」（第二十二章）。更以「境」、「智」相對，對遣有、無產生「實智」、「權智」的對立面定義，並以此作爲體會眞道，用事於塵境的最高指標。

　　他也一樣注重追求「長生不死」。並且認爲世人之所以不能恬淡、無爲、妄起貪求，其根本原因是「適見世境之有，未體有之是空」（第一章），所以才「貪競不息，不能長生」。要想長生，必須「息貪競之心」。息了貪競之心，「不見可欲之物，處心中正，謙和柔弱，此則長生也」（第四十二章）。息貪競之心，不見可欲之物有兩種辦法：「一者斷情忍色，棲託山林，或即塞閉其門，不見可欲；二者體知六塵虛幻，根亦不眞，內無嗜欲之心，外無可染之境」（第五十二章）。在這種情況下，「恣目之所見，極耳之所聞，而恆處道場，不乖眞境」（第五十二章）。這種超越境界，成玄英稱之爲「即心無心」（第三章）。

　　成玄英贊成的是「即心無心」境界，不贊成過去道家流行遁跡山林的行徑，也不贊成閉目塞聽來避開可欲之物，提出更積極的用事無心，使遇境無所染執，因此達到「大隱隱於市」的最高境界，此即所謂「和其光」、「同其塵」。

　　依照這種理論，一個俗人，可以很容易地宣布自己爲道教徒，祇要他宣布信仰《老子》，並在世俗生活中作到了即心無心。成玄英的這種說法並非獨創。不僅佛教這樣說，甚至可遠溯郭象、《莊子》。但成玄英在初唐以此注《老》，卻有非常現實的意義，他爲道教的國教化和世俗化作了理論的說明。

　　就唐代宗教學理上的意義而言，成玄英的基本概念明確，主要展現在幾個重點上：

　　首先，就「大道」的觀點而言，成玄英依然堅持老子神話作爲依歸，所以在註解《老子》時對於老君、道君、天尊等有極多的說明。這些部分都直接指涉道教教主的眞正宗教性意涵。將道教本身定位爲自古以來神聖流傳的宗教，道教老子的地位明確，並直接引用「老子化胡」的概念，解說許多不

同處的老子顯聖流布道教，因此引用了大量的《西升經》、《化胡經》系列傳說作爲引證說理的工具，這些都直接與唐代流行的宗教神話有關。所以他的《老子義疏》中引用《西升經》部份，在八十一章中計有十五處之多，引「化胡說」兩處，他之所以不斷地重複這些意見，其目的顯然在強化道教無可置疑的神聖傳統。

次將「道、氣關係」以道教特有的三分法加以解釋，包括「陰氣」、「陽氣」以及「中和之氣」，此爲秉道而動的基本功用。而人又秉中和之氣於世間最希有，藉以建立以中觀思想爲主體的「雙遣不滯」修行法門。如以佛教四句法的「非有」、「非無」、「非有非無」、「既有既無」的模式，進而推衍道教原有的神學體系，使其進一步合理化。

成玄英其他討論的重點，除了針對修道主題之外，也特別重視應用領域，其中特別重視的是君王政治哲學。因此《疏》中特別區分「治國」與「修身」兩項，並且往往對舉以明其多樣化的解釋意涵，在其《老子》疏中多處使用「內解」的義例來啓示針對道教內部「行人（修道之人）」經由對於此章的體會作爲修練身心、提倡道門的依據。此處呈現出來的企圖心，與《莊子疏》的最大差異，就在明確地將《老子》作爲道教無可比擬的「聖典」定位，因此道教的種種宗教要件，大量出現在成玄英《老子義疏》中，至於《莊子疏》則較重視道教哲學基本啓示，其撰寫目的上顯然有極大的不同。

以下就幾種關係教團部份先作簡單的試論：

一、修道體系

先以個人修行，以佛教「六根」、「六塵」〔註13〕對言，引申修行概念：

> 塵，則色聲等六塵也。猶如世間塵土，能點穢淨物，色聲等法，能污染清行，故名爲塵也。而言同者，聖人降世，逢時晦跡，應凡既韜彼智光，亦混茲塵穢，色聲無別，眼耳故同，處染不染，所以爲異也。（《道沖章》「同其塵」疏）

因此就六根、六塵上而言，將《老子》「不見可欲」的觀點，更提升爲並舉「見可欲，其心不亂」的境界，這些事實上都超出了原本《老子》的思考範圍。因此就「身、口、意」三業的消除，就由這些擺脫外境著手，進而不受外境

〔註13〕六根指「眼、耳、鼻、舌、身、意」；六塵指相對的外境，有「色、聲、香、味、觸、法」。這些是佛教的基本詞彙，爲成玄英所借用，以此架構道教學理。

所執，達到自在無礙的道家境界。

> 可欲者，即是世間一切前境色聲等法，可貪求染愛之物也。而言不見者，非杜耳目以避之也。妙體塵境虛幻，竟無可欲之法，推窮根塵，不合故也。既無可欲之境，故恣耳目之見聞，而心恆虛寂，故言不亂也。……是總遣三業及一切法也。（《不尚賢章》「不見可欲使心不亂」疏）

其次引入佛教《大乘起信論》「一心開二門」的觀點，「能」、「所」的概念，將「真諦」、「俗諦」思想引入《老子》的解釋系統之內：

> 兩，謂「無欲」、「有欲」二觀也。同出，謂同出一道也。異名者，微妙別也。原夫所觀之境唯一，能觀之智有殊，二觀既其不同，微妙所以明也。（《道可道章》「此兩者同出而異名」疏）

> 又解：迷時以三清爲三界，悟則及三界爲三清。（《有物章》「大曰逝，逝曰遠，遠曰返」疏）

此段處理觀念，已經非常近似禪宗的思考路線，《壇經》中有「迷時《法華》轉，悟時轉《法華》」的基本精神，點出修行者迷悟只在一念之間，因此道教以這些觀念，確立了開悟的基本精神，並且應更加注意的是成玄英此注完成的時間絕不會晚於《壇經》。

而修道之士爲了應付不同的需求，因此針對修道之士提出有所謂「實智」、「權智」的分別對機啓示應用：

> 言君子平居之時，則貴左用文；荒亂之時，則貴右用武。喻行人實智則貴長生，權智有時而殺。（《佳兵章》「君子居則貴左，用兵則貴右」疏）

除了以二諦思想應對世間之外，提出法天「慧門」，法地「定門」的觀點，定慧雙修，解消本跡，直悟大道：

> 地是定門，天是惠（慧）門也。既能如天，次須法道虛通，包容萬物也。既能如道，次須法自然之妙理，所謂重玄之域也。道是跡，自然是本。以本收跡，故義言法也。又解：道性自然，更無所法，體絕修學，故言法自然也。（《有物章》「人法地，地法天，天法道，道法自然」疏）

> 自然者，重玄之極道也。（《希言章》「希言自然」疏）

然後學者修行務達身、口、意三業（也是引用佛家詞彙）清淨，以「智境相

「會」、「無滯超越」爲進入重玄之門的關鍵：

> 微妙，是能修之智，玄通，是所修之境。境智相會，能所俱深。不
> 可以心識知。
>
> 豫，猶豫也，猶豫，怖懼也。言修道行人，懼於世境，如冬涉川冰，
> 心地惶怖，恐淘溺也。此明意業淨。
>
> 又畏塵境，如人犯罪，慎密恐畏，四鄰閭里知聞也。此明口業淨。
>
> 學人應須練勵身心，勿得放縱，猶如賓對主人，不可輕躁。此明身
> 業淨。（同見《古之章》疏）

這些解釋的過程中，可以非常明顯的看出成玄英的道教體系，完全不是出自體會《老子》的原意，而是以道教的修學體系作爲討論的重點，因此可以看出此《疏》實質上是爲了建立道教學術體系而努力。

因此，由此可以看出重玄派的《老子》學說，基本上只是借用《老子》一經在唐代特有的神聖地位，加以衍申出整套不同於以往的道教觀點，將佛教學理吸收以後，確立道教修練境界的種種指引，甚至開展出道教神仙修證開悟學說的理論基石。

二、宗教概念

其次，與宗教有關的部分，還有討論如修行戒律等問題，成玄英以爲戒律只對中下根人而言（此觀點至少傳承《想爾戒》及南北朝重玄思想以來的道教傳統觀點），如能以心體悟，則不滯於形象戒律儀軌等。另外尚有施捨、濟物等觀點。施捨可分爲兩種：「財施」與「德施」。

> 言己所有道德，盡持教人，而心無鄙吝，德彌高遠，故言愈有，此
> 德施也。
>
> 所有財寶，盡持施人，而果報彌廣。故云愈多，此財施也。（同見《信
> 言章》疏）

成玄英針對道教儀軌、戒律的討論，對於道教現狀頗有針砭之處。以爲過於繁瑣的儀軌，不如直接訴諸道教信徒內心道德行爲的切合正道（此即所謂「心齋」），只有遵守儀軌無法提供保證教徒得道，此點與《論語》的「禮」論以及幾乎同期出現的禪宗《六祖壇經》強調「眞心無礙，超過形似」的觀點頗有近似之處。可見得成玄英不只爲了推崇道教，也期望道教能夠眞實的觸動

人心，啓發昇平之世，因此疏文中處處可見對於太平盛世的期許與理論，這些似乎都有強烈的時代特質。

成玄英關於「三一」的論點，也有值得討論的地方。道教「三一」思想起源很早，葛洪即以「天、地、人」的三一思想作爲道教神學體系的開端，而道教另外又直接繼承兩漢律曆數術之學，三一增減法而得出十二律呂以衍生最基礎的樂律體系，此中比喻正切合傳統中國以一統合，以三相生的分類特質。到了唐代重玄思想的發展，更進一步將三一概念深入發揮，因此將上清系統原有「守一」的修練思想與哲學性的「三一」論題整合，以「體用修行」等概念建構不同以往的特殊神學系統。〔註 14〕經由三一的體用思想，進一步引申出來有關「道智」思想，以「鏡智雙運」的方法，遣去對於物質世界的執念。因此，成玄英大量引用的素材之中，多數是作爲「遣」的消去對象而自在的運使。

就成玄英《老子義疏》中所見，也同樣有大量引用佛教術語的現象，包括有中觀、遣中、二諦、四句、三毒、六根、六塵、大圓鏡智、因果、輪迴、報應、業、三寶（道教以「道、經、師」對應佛教之「佛、法、僧」）、我大（我執）等等。這些部分顯然已經完全超過魏晉玄學的哲學語彙體系，可以說是在宗教上的直接借用。就此而言，似乎重玄派有非常明顯的道教佛家化的傾向，特別是傾向於「三論宗」與「禪宗」的思考理路。

道教何以努力吸收佛教理論？這個問題目前尚無確切的答案。筆者以爲道教努力展開自己理論體系的建設工作，主要還是雖獲得帝王支持，可是道教本身在南北朝以來就人數及教義體系上一直屬於相對性弱勢宗教。與佛教的同期的教理體系成熟度而言，顯然有待努力強化。

因此道教無論在戒律、經典、教團、教理上，一直有許多努力模仿佛教的地方。所以到了唐代藉由帝王全力支持下，一步步將老子神話成爲主要的推展工具。因此經由《老子》經文進行擴充性詮釋，在這些解釋中企圖包括了當時道教的各種教義體系思索，似乎是順理成章的事情。

爲了與時代應用之需，成玄英的思想有大量部分討論帝王「爲君、爲政」之道，顯然「用世」也是這部作品的重要主題。除了鼓勵修道之人學習參考外，似乎也包括了對於早年黃老道術的「君主南面之術」，政治等等應用時的

〔註 14〕參見李叔達，〈成玄英論「三一」〉（《宗教學研究》，1996，第四期），頁 1。

傳統道家參考觀點。〔註15〕這與成玄英本身曾經擔任國家重要的道教理論代表人物有關，這一部份的理論出現，也顯示出唐代帝王對於道教重用的另一重要原因。即道教不只於發展出長生久視之道，也同時是重要的政治幕僚體系，往往參予帝王執政時的參考體系。

總而言之，成玄英的重玄之道內容豐富包羅萬象，其核心點還在「修道」哲學，而核心的核心是人的「生命（道性）」問題。他的思想體系主要是融合老莊哲學和佛教中觀哲學的結構而成，同時也受到儒家思想（致用）的影響，在當時道教中獨標一幟、別具一格，最有強烈的思辨性和理論性。他吸取佛教反過來又對佛教產生影響，如日本僧人澄禪所撰《三論玄義檢幽集》就多處引用了成玄英的《莊子疏》，〔註16〕他的重玄思想爲李榮繼承並進一步延伸。

第三節　李榮《老子注》

李榮，〔註17〕號任眞子，蜀人，初唐著名道教學者。他精注《老》、《莊》，「明重玄之道」，與西華法師成玄英齊名，時稱「老宗魁首」。〔註18〕李榮《莊子注》早佚，今已無法得見，有近代學者蒙文通依敦煌資料與徵引典籍輯補而成。李榮《老子注》，以道家義旨爲本，吸取佛教三論宗與魏晉玄學的部份思想內容，熔鑄形成一套具有思辨性質的道教哲學思想，在我國古代道教思想發展史上具有頗重要的地位。但自唐以來，李榮其人，不僅正史無傳，並且道教典籍記載，亦多闕略；他的《老子注》，雖爲《道藏》所收，僅存殘本。

李榮生平不詳，不過與其交往的文人頗多，因此也可以大概理出一些相關時代資訊。盧照鄰、駱賓王都有與道士李榮相關的交往詩文，地點大多在四川地區。蒙文通根據四川地方誌資料指出李榮應該是四川綿州人，後期遊歷長安。

〔註15〕其實道家的觀點異常複雜，只不過哲學家過度簡化這些體系。目前就郭店楚簡以及馬王堆帛書所出土的別本《老子》看來，道教所傳的《老子》恐怕有時比王弼本更接近原貌。所包含的內容更接近於傳統道家體系。有關傳統道家觀點可以參考郭店楚簡相關作品如《中國哲學郭店楚簡專號》、丁原植《郭店楚簡老子研究》（臺北，萬卷樓）以及戰國哲學史相關著作如熊鐵基等，《中國老學史》（福州，福建人民出版社，1995 年 7 月，一版二刷）、《楚國哲學史》等作品。

〔註16〕參見《大正藏》，第 70 卷第 391、403～404 頁。

〔註17〕參見卿希泰主編，《中國道教》，第一卷，頁 261～263。

〔註18〕釋道宜，《集古今佛道論衡》，卷丁。

據《舊唐書‧儒學傳》記載：

> 羅道琮，蒲州虞鄉人也。高宗末，官至太學博士，每與大學助教康
> 國安、道士李榮等講論，爲時所稱。

可知高宗末年，李榮仍住長安，並與太學儒生多相往來，其論義仍爲當時世俗所能接受，至於高宗之後，唐代史料中不再見有李榮活動的記載，其原因可能是武則天繼統後，定「僧先道後」，來取崇佛抑道的政策，道教勢力受到打擊，李榮爲京城道流之冠，自在排斥之列。以下略述李榮生平。

李榮，唐代道教學者，蜀之綿州巴西人（今四川綿陽），約生於隋末唐初。唐太宗貞觀年間（627～649），出家爲道士。中年聲播蜀中，爲朝廷所知。高宗即位，詔入京城，住長安東明觀有年。時與高僧名士碩儒相過從，往復講論，深受佛家三論影響，立「本際」、「六洞」、「道玄不可以言象詮」諸義，主導唐代重玄說思潮，爲京城道門領袖。顯慶五年（660），以事忤帝，放還蜀中。龍朔三年（663）復召入京，總章中，興善寺爲火所焚，榮非斥僧人，語有過激，時人莫與，聲稱漸不如前。高宗末，與太學博士羅道琮友，每有論議，尚爲時所重。武后臨朝（684～704），崇佛抑道，榮受排斥，遂湮沒無聞。世傳其《老子注》存殘本，其他如《莊子注》、《西升經注》諸書，惜皆早佚。[註19] 李榮《老子注》，自唐至明，諸家目錄如下：

1. 杜光庭《道德眞經廣聖義》：任眞子李榮，注《道德經》上下二卷。
2. 《舊唐書‧經籍志》：《老子道德經集解》四卷，任眞子注。
3. 《新唐書‧藝文志》：任眞子《老子集解》四卷。
4. 鄭樵《通志‧藝文略》：《老子道德經》任眞子集注，四卷；又三卷，道士李榮注。
5. 《宋史‧藝文志》：李榮《老子道德經注》二卷。
6. 《正統道藏》：李榮《道德眞經注》四卷。

各家書名卷數，均有出入，考其史料來源，當以《廣聖義》所記爲可靠，杜光庭爲唐末之人，其書成於唐昭宗之時，記李榮《老子注》，猶爲本朝人記本朝事，其理一也。杜爲道教著名學者，勤搜歷代注《老》者六十家，爲之考察源流，概括意旨，分爲五道五宗，而尤重「重玄」一派；李榮既同爲道流，又主重玄之說，故杜於李著搜求必力，杜尚不見李榮《集解》，則五代人何從

〔註19〕 （宋）陳碧虛，《西升經集注》中尚存有李榮《西升經注》少許佚文。

得見？更無論鄭樵、高似孫，其理二也。就所居地域而論，杜在唐僖宗時充麟德殿文章應制，居長安多年，後入蜀事王建，其後半生在蜀中渡過，行止經歷與李榮相同，〔註20〕更有條件得知李榮著錄實況，其理三也。有此三因，故以《廣聖義》記「任眞子李榮注《道德經》上下二卷」爲近眞。《宋史・藝文志》同《廣聖義》，所記不誤。

　　兩《唐書》記任眞子注《老子道德經集解》四卷，與前文所述資料不符，呈現出比較複雜的現象。現在看來，有三種可能：（1）李榮著有《集解》，而杜光庭失收；（2）《舊唐書》誤記；（3）後人合李榮注與他書而成《集解》，題名任眞子注。第一種可能，據前面的考証分析，似可排除。第二種無佐証，亦難以成立。只有第三種可能性較大。

　　考察《道藏》收書之例，現有《道德眞經注疏》八卷，題名吳郡顧歡注。顧歡爲南齊時人，而《注疏》中反有唐代成玄英、李榮、唐玄宗諸家之注，此書顯非顧歡所撰。清人阮元據晁公武《郡齋讀書志》，而屬之唐岷山道士張君相，題名君相集解，收入《宛委別藏》。〔註21〕考晁書所載，張氏集解共有三十家，實計《注疏》中僅有十七家，缺十三家；且有《開元御注》、《想爾注》、《陳嗣古注》、《王玄辯注》、《李榮注》等五家爲君相書所不載；李霖《道德眞經取善集》中引有「張君相曰」十數條，皆無一見於今顧書之中；據此，則《注疏》顯非張君相集解，顯然阮說有誤。

　　蒙文通先生據《注疏》中有「榮曰」字樣，認爲「是書爲李榮所作」，〔註22〕然據前考，李榮爲唐初之人，不可能下及唐玄宗《開元御注》，若僅以後人羼入爲解，似嫌証據不足。故此書既非顧歡所注，亦非張君相集解，亦不爲李榮所撰，大概是唐末至五代時之無名氏匯集諸家注解而成。《舊唐書》所記《集解》殆即此書，因見其中有李榮注，故屬之於任眞子。《新唐書》、《通志》襲訛勿改。而鄭樵又以李榮《老子注》別爲一書，將「榮」字誤作「榮」，後來高似孫作《子略》，抄自鄭書，亦作李榮，實即任眞子李榮也。

　　李榮《老子注》全書，今已不存，僅《正統道藏》收有《道經》殘卷，第一至三十六章。在此以前，南宋時李霖撰《道德眞經取善集》，尙於李注全

〔註20〕見《全唐文》，卷九二九，〈杜氏本傳〉。
〔註21〕收錄於阮元，《宛委別藏》叢書中。
〔註22〕蒙文通先生，《輯校老子李榮注跋》，載於《圖書集刊》第八期（1948年）。

書有所徵引；元代脫脫領修的《宋史・藝文志》，所記書名卷數亦與《廣聖義》相同。而《道藏》編修始於明成祖永樂初年，其時已無完帙，由此以推，大概李榮注全書應亡缺於元明之際。自唐至宋，徵引李榮《老子注》者，以今所見共有三家：

1. 強思齊《道德真經玄德纂疏》。強氏為唐末五代人，是疏纂集唐玄宗、河上公、嚴君平、李榮、成玄英五家注疏，共二十卷。

2. 無名氏（舊題顧歡）《道德真經注疏》。集有顧歡、成玄英、李榮、唐玄宗凡二十二家之注，共八卷。

3. 李霖《道德真經取善集》。劉允升為之序於金大定十二年（1172），該書廣集唐以來諸家注疏，約四十家，共十二卷。

上述三書，均存於明修《正統道藏》。四十年代，蒙文通先生據強、顧、李三書，參以《道經》殘卷與部份敦煌《老子》寫卷，輯校成帙，於是李榮注始條然可誦。

李榮《老子注》之《德經》部份，存於今敦煌遺經中。敦煌石室之經卷寫本，始於東晉安帝義熙六年（410），止於北宋太宗至道元年（995），歷六百年。〔註 23〕其中道經抄寫有年代可見者，最早為唐玄宗開元三年（715），下至天寶十二年（753）。其中《老子道德經》寫卷有年可紀者凡二見：（1）開元二十三年（735）寫；〔註 24〕（2）天寶十載（751）寫。〔註 25〕其抄寫皆在玄宗之世，此與李唐王室尊崇道教，而玄宗尤甚有關。李榮《老子注》經卷之抄寫，大概即在其時。以今所見，共有六卷，一卷存於倫敦，餘五卷存於巴黎。巴黎五卷為：

1. P2594。起自三十九章「神得一以靈」，迄於四十二章「吾將以為學父」。

2. P2864。起四十三章「天下之至柔馳騁天下之至堅」，止於五十三章「大道甚夷而民好徑」。

3. P3237。起六十一章「故或下而取」句，止六十七章「天將救之，以慈衛之」。

4. P2577。起六十八章「古之善為士者不武」，迄於七十六章「木強

〔註 23〕見董作賓，《敦煌紀年》。
〔註 24〕見《敦煌遺書總目》伯希和劫經卷第三七二五號。
〔註 25〕見《敦煌遺書總目》伯希和劫經卷第二四一七號。

則共」句。

5. P3277。起於七十六章「故堅強處下」句，終八十一章。八十一章
後接第三十七全章，卷末書「老子德經卷下」。

倫敦一卷爲 S2060。〔註26〕該卷起於五十三章「朝甚除」，止於六十一章「小
國以下大國則聚（大國）」。此卷蒙文通先生所未見，王重民先生主編《敦煌
遺書總目》時亦未辨識。斯氏一卷，正好上接 P2864，下接 P3237。合而觀之，
斯、伯二氏六卷適爲《老子•德經》全卷，僅卷首缺三十八章與三十九章「昔
之得一者」三句，而卷末多出《道經》第三十七章。〔註27〕

李注《老子》全書，本已亡佚於元明之際。今自《道藏》得《道經》一
至三十六章，復從敦煌寫卷中得《德經》三十九至八十一章，而《道藏》所
缺之三十六章，恰附於敦煌寫卷《德經》之後，再從強思齊《玄德纂疏》中
輯得第三十八章。則李注全書於亡失數百年後，得以復出。

一、玄與又玄

李榮有關「重玄」玄之又玄的基本解釋，在《老子注》中說明：

道德杳冥，理超於玄象，眞宗虛湛，事絕於有無。寄言象之外，託
有無之表，以通幽路，故曰「玄之」。猶恐迷方者膠柱，失理者守株，
即滯此玄，以爲眞道。故極言之非有無之表，定名曰「玄」。藉玄以
遣有無，有無既遣，玄亦自喪，故曰「又玄」。又玄者，三翻不足言
其極，四句未可致其源，寥廓無端，虛通不礙，總萬象之樞要，開
百靈之戶扉，達斯趣者，眾妙之門。（一章）

重玄之境，氣象不能移，至虛之理，空有未足議。迎隨不得，何始
何終乎！（卷一）

李榮將道分爲兩種：一種是「虛極之理」，所以說是「玄」，但也不可「滯此
玄以爲眞道」，所以說是「玄之又玄」；另一種是「常俗之道」，這個道不是常
道，它「貴之以禮義，尚之以浮華，喪身以成名，忘己而徇利」，躁動有爲，
多欲貪競，爲李榮所不取（第一章）。〔註28〕這裡不是「長生之道」與「經術

〔註26〕此爲劉銘恕，《斯但因劫經錄》編號，見《敦煌遺書總目》。
〔註27〕這些《李榮注》抄本經卷影本都已經收錄於《藏外道書》，第二十一冊，頁291
　　　　～302。不過其中 P2594 殘卷誤植爲 S2594。
〔註28〕今《正統道藏》中，李榮《道德眞經註》不全。強思齊《道德眞經玄德纂疏》，

政教之道」的對立，而是「虛寂」之道和「常俗」之道的對立。治國、長生，都是虛寂之道，處於同一層次，地位同樣重要。

另外，將「玄」定為第一層級，「又玄」定為次一層級，即所謂「重玄之境」。以否定方式達到「非有」、「非無」以至於「玄」也無，謂之「中道」。「極下慮之滯有，舉之令不有也，不有不空，合於中道也。」（七十章）〔註29〕

在成玄英等之後，李榮重新強調道的至上形象特徵，擁有無可取代的宗教意涵，對於道教國教化的進程，又是一個重要的進步。

二、道與反本

李榮以為「虛寂的道」是天地萬物的本始，也是人的本始。但一般人總是求末而忘本，縱欲傷情，「馳騖於是非，躁競於聲色」（第一章）。這樣必然墮入輪迴：「在末所以輪迴」（第十六章）。因此產生本末之論。

聖人們「抑末而崇本，反澆以還樸」。對於芸芸眾生，「聖人皆勸以反本」。「反本」，就可以脫出輪迴：「反本寂然不動」（第十六章）。所謂反本，就是「虛靜無為」，虛靜無為才能得道，因為「唯道集虛」。得道，就可成仙：「得成仙骨自強」（第三章）。至於如何得仙，李榮比較缺乏完整的論述形式。

三、治身治國

治身如此，治國也是如此。「聖人治，處無為之事，行不言之教」（序）。所謂「無為」，並不是袖起雙手，「以死灰為大道，土塊為至心」（第四十八章），而是「崇本」：「順自然之本性，輔萬物以保真，不敢行於有為，導之以歸虛靜」（第六十四章）。依李榮看來，老君所關心的，似乎主要是國家的治亂。

> 大聖老君，痛時命之大謬，愍至道之崩淪，欲抑末而崇本，息澆以歸淳，故舉大丈夫經國理家，修身立行，必須取此道德之厚實，去彼仁義之華薄，則損俗禮歸真道。（第三十八章）

在第五十三章中，李榮用同樣的語氣，說「老君傷時王不從夷路，唯履險途」，

署名"吳郡徵士顧歡"的《道德真經註疏》，均保存有李榮注文。敦煌卷子中亦發現有李榮注文。蒙文通據上述材料，作李榮《老子註輯校》，本文所引，僅注明章數，僅在諸本不同，且有必要時，加補注。

〔註29〕參見黃海德，〈李榮《老子注》重玄思想初探〉（《宗教學研究》，〈道教與傳統中國文化研討專輯〉，1988 年 5 月），頁 31～36，69。

他們服文釆，帶利劍，積貨財，使「農田荒穢，倉廩空虛」，所以希望他們行「無爲大道」。在李榮眼中老君是一個悲天憫人，非常關心世俗人生的教主，而並不是衹顧自己長生的道士。

《河上公注》、《想爾注》，以及《老子節解》盡可能地強調長生之道，特別是《節解》在《老子》明講治國的地方，也用「叩齒嚥液」，「閉氣握固」來附會。有此處可以看出，道教在得到帝王的支持之下，懷有崇高的理想，希望能夠輔助聖王努力開創和平治世。

李榮極力討論「治國」觀點。他把「音聲相和」，說成是「上之化下，猶風之靡草」，把「先後相隨」說成是「君先而臣隨，父先而子隨」。「高下相傾」，釋以「水亦所以載舟，亦所以覆舟」（第二章）。「閱眾甫」，說是「閱眾生邪正之行，忠孝者賞，過忒〔註30〕者罰」（第二十一章）。「重爲輕根」，說是君主「無爲重靜」，臣子「有爲輕躁」，「上下各司其業」（第二十六章）。

在治國和修身並提的地方，往往是治國在前，修身在後。如「不失其所者久」，注道：「理國者用之，則國祚長久；修身者用之，則性命長久」；「死而不亡者壽」，注道：「國王有道，天清地靜，人安神泰」；「修道者以百年將盡之身，獲萬劫無期之壽」（第三十三章）。這些注釋，充分表明了治國在李榮心目中的地位。假如君主清靜無爲，「處無爲之事，行不言之教」，就可以「清九野」，「朝萬國」（第二章）。在這裡同樣現出了大唐帝國懷來致遠的宏偉氣象，顯示了道教同樣想治平天下的魄力。可見得此一時期道教努力的重點，不止於個人的成就，也同樣關心社會國家的命運。

佛教經常攻擊道教，說老子主張清虛，以身爲患（特別在二教論辯之中多次引用此觀點），和道教追求肉體成仙不一回事。李榮則在《老子注》中，用虛極之理，把清虛和成仙，長生和治國，試圖結合成爲一個整體，從而把道教重新推向治國的前臺。

萬物從道而生，道是虛極之理，虛極之理就是萬物的本性。「治國」是順應、尊重人的本性；「修身」是復歸人的本性。二者歸一，就是崇本抑末。李榮也講萬法皆空，因而貪競無益。但他的根基，則是反本歸根，清靜無爲的道家哲學，是崇本息末的玄學思想。

李榮的《老子注》，也標誌著道教已從佛教中創造自己的宗教哲學。就像僧肇的《肇論》標誌著中國佛教在理論上的獨立一樣。表現於行動，李榮和

〔註30〕《道德真經玄德纂疏》作"纂弒"。《纂疏》的改動，當是對唐末政局的反應。

成玄英則無大差別，也是主「靜」、「動則有生有死，失於眞性。靜則不死不生，復於慧命也」（第十六章）。使人不能虛靜的，是人的心：「夫生我者神，殺我者心。我殺由心，心爲死地。若能灰心息慮，不拘有爲，無死地也」（第五十章）。

李榮不同於以上清派《黃庭經》爲代表的內修派，講「三一」，主張神、氣不離。他認爲，祇要有身有神，就有生有死：「有身有神則有生，有生有死不可以言道」（第六章）。要能得道，就要「空其形神，喪於物我」（第六章）。然而，所謂「空」、「喪」，並不是眞的能消滅形神物我，不過是像天地一樣，「無心」，不自營生罷了（第七章）。

天地無心，所以能長久。人要長生，也應該「一身心」，使「純和不散」（第十章），使心虛靜，「以性制情」（第四十九章）。用於治國，要求「無心分別」善惡，對於一切，都要「無可無不可」。（第四十九章）。因爲有了分別，就傷害物的本性，違背常道：「分別妨道」（第六十四章）。

四、心性實踐

在宗教實踐上，李榮和成玄英一樣，最後都歸到了「心性」的討論。和成玄英一樣，李榮也反對繁文縟節。他說：「上禮經三百，威儀三千，以此教人，故曰『爲之』。禮煩則亂，下不能行」（第三十八章）。李榮和成玄英的不同處，是他更加從治國之道來考慮宗教禮儀的作用，爲了使下利民治國，即多數人能行，簡化宗教禮儀是必要的。

李榮還講長生不死，他不講求煉丹，也不主張服氣，反而要空形神、喪物我，所以他的「長生不死」含義如何；不能不令人懷疑。到唐玄宗，則到「修身」爲止，連「長生不死」也不講了。

李榮的重玄思想受到佛教中觀影響，特別是初唐盛行的「三論宗」，對其重玄理論上的啓發良多。李榮成長的蜀地，三論宗即很流行。《續高僧傳·釋慧嵩傳》載：「慧嵩從茅山明法師習三論，隋大業（605～618年）年間到成都大弘法務，或就綿梓，隨方開訓」，直至武德（618～626年）初返回故鄉安陸之前，都在蜀中講三論。〔註31〕《釋靈睿傳》載：「靈睿流寓蜀部，家世信道教，八歲時二親欲令其入道不成，遇智勝師往益州勝業寺出家。」開皇（581

〔註31〕《大正藏》，第50卷第522頁。

～600年）之始，高麗印公入蜀講三論，又爲印之弟子，「武德（618～626年）年間還綿州益昌之隆寂寺講弘三論。」〔註32〕《釋世瑜傳》云：「大業十二年（616年）世瑜往綿州震響寺出家，後入益州綿竹縣。貞觀元年（627年），「大悟三論宗旨，遂往靈睿法師講下」，後住綿州大施寺。〔註33〕上述弘傳三論的僧人多離李榮生活地不遠，對其必有一定影響，故其重玄思想同成玄英一樣，運用三論宗中觀方法論証。

五、李榮與三論宗

在《老子注》裡李榮闡述了他的重玄思想。他說：

> 道德杳冥，理超於言象；眞宗虛湛，事絕於有無。寄言象之外，論有無之賓，以通幽路，故曰「玄之」。猶恐迷方者膠柱，失理者守株，即滯此玄以爲眞道，故極言之非有無之表，定名曰玄。借玄以遣有無，有無既遣，玄亦自喪，故曰「又玄」。「又玄」者，三翻不足言其極，四句未可致其源，寥廓無端，虛通不礙，總萬象之樞要，開百靈之戶牖。達斯趣者，眾妙之門。〔註34〕

對「玄」和「又玄」作了定義，這樣定義是借用佛教中觀方法。所謂「中」，就是不偏不倚，如三論宗吉藏所說：「不偏在二邊，故稱中道。」〔註35〕中道從現象界直探本體界，破空破假極執中，以証本體實相，其中「有」和「無」是中觀念想最主要的對立二邊，最經常討論的一時範疇。事物的實相（眞相）既不在「有」，也不在「無」，這叫「不落二邊」，只有不執二邊，才能顯現「中道實相」，亦即所謂「非有非無稱爲中道。」〔註36〕李榮的「借玄以遣有無」亦同樣是從「有」入「無」這對對立的範疇入手，首先否定「有」、「無」，進一步連「非有」「非無」也否定，通過這樣的雙遣雙非，証成至虛至空的「重玄」。其思維架構如下：

這是種否定的思維進程，「玄」否定了有無，而「又玄」（即重玄）又否定「玄」，經過這樣的雙重否定，遣去有無二邊，偏去中忘，便進入了所謂重玄妙境。這是個「都無所有」，「杳冥虛湛」，「寥廓無端，虛通不礙，總萬象

〔註32〕《大正藏》，第50卷第539～540頁。
〔註33〕《大正藏》，第50卷第595頁。
〔註34〕《老子注》，卷上第3頁，（在本節中，以下凡引《老子注》只注卷數和頁數）。
〔註35〕《中觀論疏》，卷二本，《大正藏》，第42卷第24頁。
〔註36〕《中觀論疏》，卷二末。

之樞要，開百靈之戶牖」的境界，它由「破邪顯正」顯現出來。我們把三論宗的「三種二諦」框架與李榮的思維架構作個比較，就更可看出二者的雷同。「三種二諦」如圖：

由此可見，二者都取「否証」、「証偽」方法，思維進程和方式也一致。其實，三論宗的眞理觀本來就和老子「道可道，非常道」相通，其最上乘的眞諦是不可思量、不可用語言符號表達即「不可道」的，既不可道，所申說所建立者就一定不是「眞諦」（眞諦俗諦思想來自《大乘起信論》，也是當時佛教的主流思想），故「只破不立」，出「破邪」來「顯正」。李榮援用三論宗思想方法注《老》，自然很容易便將二者融匯貫通。故他說：

> 至道不皦不昧，不可以明暗名；非色分聲，不可以觀聽得。希夷之理既寂，三一之致亦空，以超群有，故曰歸無。無，無所有，何所歸？復須知無物，無物亦無。此則玄之又玄，遣之又遣。〔註37〕

這是《老子》哲理和中道哲學的絕妙結合。我們再引吉藏的幾段話與李榮所說比較一下。吉藏講：

> 無有可有既無無可無。無有可有由無故有，無無可無由有故無。由無故有有不自有，由有故無無不自無。有不自有，故非有；無不自無，故非無。非有非無假說有無。〔註38〕

這是中觀典型的「四句」否定法。吉藏解說關內影師的舊二諦中道義爲：

> 眞故無有，俗故無無。眞故無有雖無而有，俗故無無雖有機無。雖無而有不滯於無，雖有而無不累於有。不滯於無，故不斷；不累於有，故不常。即是不有不無、不斷不常中道。〔註39〕

這些話可說是給李榮「非有非無」的重玄之道作了個詳細的注腳。在李榮的重玄思想中浸透著中道精神。他解釋《老子》「道沖而用之或不盈」說：

> 沖，中也；盈，滿也；道非偏物，用必在中，天道惡盈，滿必招損，故曰不盈。盈必有虧，無必有有。中和之道，不盈不虧，非有非無。有無既非，盈虧亦非。借彼中道之藥，以破兩邊之病，病除藥遣，偏去中忘，都無所有，此亦不盈之義。〔註40〕

〔註37〕《老子注》，卷上，第19～20頁。
〔註38〕《中觀論疏》，卷二，《大正藏》第42卷第28頁。
〔註39〕《中觀論疏》，卷二本，《大正藏》第42卷第28頁。
〔註40〕《老子注》，卷上，第8頁。

闡明了什麼是「中和之道」，認爲「偏去中忘，都無所有」才是老子「不盈」的眞實內涵。所謂「用必在中」，這是儒家傳統的「執其中而用之」的思想，所謂「偏去中忘」，這是三論中道學說，李榮將二者揉合在一起。中觀與儒學中庸之道本有合節拍處，故中觀能融合進中國傳統文化並廣爲流傳。像天臺宗以「即空、即假、即中」的「圓融的中」，三論宗的「非有非空」，「中道實相」，儒家的「惟精惟一，允執厥中」，落腳點都在於「執其中而用之」，都在一個「中」字上（不過此時期的儒家並未提出此類思想架構）。這些都成爲李榮的思想源泉，由此亦可見其思想成份中儒釋道三教都具備。李榮以藥治病的比喻，亦脫胎於佛教。吉藏說：

> 一切眾生皆是病人，佛爲良醫，法爲妙藥，僧看病人。〔註41〕

李榮也稱：

> 借彼中道之藥，以破兩邊之病。

更進一層，吉藏主張：

> 在病既除，教藥亦盡。〔註42〕

李榮也強調：

> 但以起有之心者都是病，以聖人將無名之樸爲藥，藥本除病，病去藥忘。〔註43〕

「病除藥遣」。這個以藥治痛，病除藥遣的比喻本是方便說，是破邪後的顯正，表明三論宗廣破一切，否定一切，不立一法的方法論。如果病除藥還留者，這就破猶末盡，非但不能申明眞理，且連破斥謬誤也不可能。故當病除藥遣，只破不立。李榮使用這個比喻的內涵與三論宗一致。

六、三一論

和成玄英一樣，李榮也闡述了重玄「三一」說，他指出：

> 希、微、夷三者也，俱非聲色，並絕形名，有無不足詰，長短莫能議，混沌不分，寄名爲一。一不自一，由三故一；三不自三，由一故三。由一故三，三是一三；由三故一，一是三一。一是三一，一不成一；三是一三，三不成三。三不成三則無三，一不成

〔註41〕《百論疏》，卷上，《大正藏》第42卷第241頁。
〔註42〕《大乘玄論》，卷5。
〔註43〕《老子注》，卷下，第63頁。

> 一則無一。無一無三，自葉忘言之理；執三執一，翱滯玄通之教
> 也。〔註44〕

這個「三一」命題，其元素構成也是不滯二邊的「中觀」，運用中觀的四句否定法証明，它破「執三執一」的「滯玄通之教」，以顯示「無一無三」的「忘言之理」。當時思想界相當注重對「三一」論題的研討。佛學名相多有涉及「三一」者，如天臺宗的「一心三觀」、「一念三千」等，又如三論宗將三乘一乘關係解說爲「無一無三」。當然，其含義各不相同。三論宗討論佛乘的三一是爲著判教，吉藏《中觀論疏》卷八引《大品》云：「諸法如中非但無有三乘異，亦無獨一菩薩乘。今欲釋經無一無三，破外人定執有三一之理。」〔註45〕道教受此影響，也曾對三一之論加以討論。如《玄門論》在對「太玄」釋義時援用「重玄」，又將「太玄」配以「大乘」，借此提高「太玄部」在道經中的特有地位，並稱：

> 一往以二乘爲方便，大乘爲究竟。次以三乘爲方便，一乘爲究竟。
>
> 窮論一之與三，並爲方便，非一非三，是爲究竟。〔註46〕

李榮對「三一」的論述則顯然沒有判教的意思，純粹是哲理的求証，其義蘊更接近吉藏的「不一不異」和「三法一體」說。吉藏云：

> 以俗諦故非一，以眞諦故不異。俗故無一雖異而一，眞故無異雖一而異。雖異而一，故不滯於異，雖一而異，故不著於一。不一不異名爲中道。〔註47〕

李榮「無一無三」與此「不一不異」的「中道」，都是不執二邊以入於不二法門，而「入不二法門即是中觀論三字」。〔註48〕吉藏又云：

> 一切成者有三種成，一者體成，二者義成，三者名成。三法互成，財是三種體成，三種義成，三種名成。則一切法體皆成一物體，一切物義皆成一物義，一切物名皆成一物名。若爾則無有萬物，既無萬物亦無一物，故一切物空。又，若有物有可有物空，既無物有亦無物空，如是亦有亦空，非有非空。〔註49〕

〔註44〕據蒙本，《老子注》卷一，嚴本脱「一是三一」四字。
〔註45〕《大正藏》，第42卷第131頁。
〔註46〕《道教義樞》，卷2引，《正統道藏》第41冊第33174頁。
〔註47〕《中觀論疏》，卷2本，《大正藏》第42卷第26頁。
〔註48〕《中觀論疏》，卷2末。
〔註49〕《百論疏》卷中，《大正藏》第42卷第272頁。

李榮「三一之致亦空」、「有無不足詰」也是從「三一」展開歸結到「空寂」、「非有非無」的重玄之教，這是他吸取佛理之處。李榮「三一」說又承襲了道教的傳統思想，且有自己的獨持處。東晉時的道經已有三一之說，如葛洪就提到過「三一」。〔註50〕南北朝時道教「三一」多與存思服氣說相聯繫，如《靈寶經》說：「定者觀三守一，思神念眞」；〔註51〕或指精氣神爲三一，如：「人法不二，亦具三一爲體，即精神氣三一也。」〔註52〕後來，「三一」說在道教教義中逐漸發展，將「精神氣」與《老子》「希微夷」結合起來闡述。如成玄英論述「三一」便是如此。李榮與成玄英不同之處，在於他撇開「精氣神」，專就「夷希微」發論。《雲笈七籤》卷四十九列出道經的九類三一，其中第七類「太玄三一」注云：「夷希微，出《太極圖》及《道德經》。」〔註53〕李榮的三一說當屬此類。他所謂「無一無三」則與成玄英「不一不三」相同，都是否証式推論，都援用佛教中觀方法証成「三一」。而「三一」的証成則是「重玄」的成立，因爲「三一」說是重玄派及李榮用以支撐「重玄」的重要依據之一。

　　因此，李榮有關「三一」的論證，實質上與流行的三一思想不同，而只是一種名言之辨的假權技巧，這與道教原有的三一論點產生極大的差異。這一部份則反而由上清派宗師以成玄英的概念配合修道長生的流行理念基礎重新將其整合起來。總之，在李榮的《老子注》中充滿了雙非雙遣的重玄觀點，他那個「重玄」是宇宙自然、社會人生的萬能藥，包醫百病。值得我們注意的，是他用重玄觀解釋老子的「道」。

七、道氣關係

　　「道」是《老子》哲學的最高境域，李榮釋「道」爲「虛寂之常道」、「體同虛寂」、「虛極之理」、「道本虛玄」，這與成玄英解道爲「虛通」略有差別。他從多側面多角度來描述這個「虛寂之道」，以顯現道體。他說：

> 道者，虛極之理也。夫論虛極之理，不可以有無分其象，不可以上下格其眞。是則玄玄，非前識之所識，至至，豈俗知而得知。所謂妙矣難思，深不可識也。聖人欲但兹玄路，開以教門，借圓通之名，

〔註50〕見王明，《抱朴子內篇校釋》，第323頁。
〔註51〕《道教義樞》，卷1引。
〔註52〕《道教義樞》卷2。
〔註53〕參見《雲笈七籤》，點校本，卷49，頁288。

目虛極之理。以理可名，稱之可道，故曰吾不知其名，字之曰道」。
〔註54〕

「虛極」是道的義理，談論虛極的道不可用空間的有無和上下來「分其象」、「格其眞」，對「道」要作非有非無的中觀。「道」作爲宇宙本源，其本身是無形的，所謂「道本無形，理唯虛寂」，〔註55〕如果用常識的空間觀念來看待它，那就大錯特錯了。「道」又是不可以時間來限量的，它「無始無終，不生不滅，所謂以道則不免，而能示生，雖生而不存；不死，而能示死，雖死而不亡。不存不亡，故云壽也，但存亡既泯，壽夭亦遺（遣）」。〔註56〕因此，「有生有死，不可言道，……若能空其形神，喪於物我，出無根氣，聚不以爲生，入無窮氣，散不以爲死，不死不生，此則谷神之道也。」〔註57〕這裡，值得注意的是李榮以「理」解「道」。除上引外，他多次提到「理」這個範疇。如「理須外名利，存身神，反無爲，修至道」，〔註58〕「至理唯一，故言精」，〔註59〕「清虛無爲，運行不滯，動皆合理，法道也」。〔註60〕以「理」釋「道」，先秦已有。莊子云：「道，理也」〔註61〕韓非子認爲道者「萬理之所稽也」，「道，理之者也」，「理定而後物可得道也」。〔註62〕但重玄派及李榮所謂「理」的內涵與莊、韓不同。「道者，理也，通也」，這是重玄派的重要教義，在唐初甚爲流行。李榮所講「虛極之理」、「理絕名言爲無」、「圓通」等都是對重玄派教義的進一步發揮。再者，先秦諸子尚未把「理」上升到最高哲學範疇，而重玄派及李榮卻將「理」作爲宇宙本體，這無疑開宋代理學家講「理」之先河。理學家以「理」爲宇宙最究竟的本根，以天理言天道，本是道家「道」的觀念變形，此種變形實自重玄派已顯端倪。程顥講：「天理云者，這一個道理，更有甚窮己？不爲堯存，不爲桀亡，人得之者，故大行不加，窮居不損。這上頭來更怎生說得存亡加減？」〔註63〕「理」

〔註54〕《老子注》，卷上，第 1 頁。
〔註55〕《老子注》，卷下，第 36 頁。
〔註56〕《老子注》，卷上，第 48 頁。
〔註57〕《老子注》，卷上，第 10 頁。
〔註58〕《老子注》，卷下，第 12 頁。
〔註59〕《老子注》，卷上，第 32 頁。
〔註60〕《老子注》，卷上，第 37 頁。
〔註61〕《莊子》「繕性〉。
〔註62〕《韓非子》「解老〉。
〔註63〕《河南程氏遺書》二。

是永恆無窮的，不生不滅，不增不減，這和李榮所講的「虛極之理」沒什麼兩樣。因此，初唐的重玄派給後世的理學是留有一筆精神遺產的。在李榮看來，既然道本虛極，不可以時空描述，「至道玄寂，真際不動。」〔註64〕道的特性為「靜」、「寂然不動」。所以他說：「幽深雌靜，湛然不動，玄牝之義也」；〔註65〕「妙體無變，故言真」。〔註66〕那麼這樣寂然不動的虛極之道如何化生萬物呢？他認為，道自體雖是無為的，虛寂不變的，但當其應物而「虛中動氣時，便有萬物之化生」。他指出：「道常無為也，應物斯動，化披萬方，隨類見形，於何不有，種種方便，而無不為也。無為而為，則寂不常寂；為而不為，則動不常動。動不常動，息動以歸寂，寂不常寂，從寂而起動。」〔註67〕道體不為，動則無不為，「動」為道之用，由此化被萬物。因之宇宙生成是道「從體起用，自寂之動」〔註68〕的過程，是無形到有象的過程。這個過程具體怎樣呢？李榮回答說：「道之靜也，無形無相，及其動也，生地生天，氣象從此而出，名之曰門，天地因之得生，號之曰根也。」〔註69〕「至真之道，非進非退，非明非昧，無色無聲，無形無名，雖復無名，亦何名而不立？雖復無象，亦何象而不見？是故布氣施化，貸生千萬有，為而不恃，付之於自然。」〔註70〕道怎樣「布氣施化，貸生於萬有」呢？李榮再答：「虛中動氣，故曰道生，元氣未分，故言一」；「一，元氣也，未分無二故言一也。天地雖大，所稟者元一；萬物雖富，所資者沖和」。〔註71〕道動而產生一元之氣，這是第一步。第二步為：「清濁分，陰陽著」，即一元之氣剖分清濁而成陰陽二氣。然而只有陰氣或只有陽氣都不足以化生萬物，因為「陽氣熱孤」、「陰氣寒單」，只有「陰陽二氣，遞相為用」，「因大道以通之，借沖氣以和之」，「即陰陽交感，抱沖和之氣，才得以生物成形。具體講就是以運二氣，構三才」。以上過程一言以蔽之：「非有非無之真，極玄極奧之道，剖一元而開三象，和二氣而生萬物」。〔註72〕

〔註64〕《老子注》，卷下，第63頁。
〔註65〕《老子注》，卷上，第10頁。
〔註66〕《老子注》，卷上，第32頁。
〔註67〕《老子注》，卷下，第63頁。
〔註68〕《老子注》，卷上，第20頁。
〔註69〕《老子注》，卷上，第10頁。
〔註70〕《老子注》，卷下，第9頁。
〔註71〕《老子注》，卷下，第3頁。
〔註72〕《老子注》，卷上，第32頁。

　　這幅宇宙生成關係既順應著注解《老子》「道生一，一生二，二生三，三生萬物」而來，又傾注了李榮的認識，即「虛中動氣」，陰陽二氣交感中和。這就把易學和老學結合起來了，對於宋代陳摶「無極圖」及理學家們的宇宙生成說有開風氣之先的作用。

　　由上述可見，在李榮那裡，宇宙生成過程是道動的結果，道的創生能力是無限的，道的運動表現爲「氣動」，一元之氣轉化爲陰陽沖和之氣從而化生萬物；道自體處於以不變應萬變的虛寂靜態，惟其恍惚朦朧，才能化演萬物，解答一切難題。儘管李榮承認了世界的運動變化和形形色色的萬有，但在他那裡，這些只不過是道體之用，最終還是要回歸到靜止不變和無差別的境界，即回歸道自體，然後又是一輪新的生成→運行→回歸的周而復始。世界就處於這種循環往復的圓圈中，永不止息。但不管怎樣，「道」是這個圓圈的始點和終極，「道」之動就是不斷向其自身回歸，那「歸根返本」。

　　既然「道」是體用一源、體用兼備的，那麼由「道」所化生的宇宙萬物，其差別都是相對的，應當不作分別，使萬有「齊一」。李榮說：「爭得失則或可或否，竟是非則一彼一此。今和光則與智無分，周塵亦共愚不別，通萬有而齊致，亦何法而不同也！」「夫有遠近則親疏明矣，存得失則利害生矣，定上下則貴賤成矣。今解紛挫銳，和光同塵，愛惜平等，親疏不能入，毀譽齊一，利害不能干，榮辱同忘，貴賤無由得。能行此者，可以爲天下貴。」〔註73〕因此他主張：「內無分別，絕是非」，〔註74〕「泯是非以契道」。〔註75〕這些思想顯然受《莊子》相對主義哲學的影響。《莊子》講過：「蓮與楹，厲與西施，恢詭譎怪，道通爲一。其分也，成也；其成也，毀也。凡物無成與毀，復通爲一。」〔註76〕李榮所論即此之翻版。用《莊子》思想解老，這是李榮《老子注》的特徵之一，與成玄英完全一致。在這種無差別境界裡，矛盾消失了，是非、彼此、智愚、榮辱，愛惜、親疏、貴賤、毀譽等都「齊一」了，統一於「一元之道」。

　　在李榮看來，「道」是不可認知，不可言說的。這也與成玄英完全一致。他講：「不可以言言，言之者非道；不可以識識，識之者乖眞」；〔註77〕「天道者，

〔註73〕《老子注》，卷下，第 28 頁。
〔註74〕《老子注》，卷上，第 41 頁。
〔註75〕《老子注》，卷上，第 11 頁。
〔註76〕《莊子集釋》，卷一下，《齊物論》，中華書局，1985 年版，第 70 頁。
〔註77〕《老子注》，卷上，第 21 頁。

自然之理也，不假筌蹄得魚兔，無窮言教悟至理」；〔註78〕「多言則喪道，執教
則失眞」，「得意忘言，悟理遺教，言者不知」。〔註79〕因此，道「絕於稱謂，故
曰無名」。〔註80〕「道」可否以言像詮是魏晉玄學「言意之辯」的主要論題之一。
玄學家常講得魚忘筌，得兔忘蹄，得意忘象，得象忘言。李榮的「道」不可以
言象詮的思想即由此而來，即認爲「道」不能用語言和形象來表徵，以此進一
步証明「道」是抽象的虛寂本體。這一點，李榮與沙門靈辯對論時曾再三強調：
「道玄，不可以言象詮」，「玄道實絕言，假言以詮玄。玄道或有說，玄道或無
說，微妙至道中，無說無不說」。〔註81〕這又體現了中道精神，或有說，或無說，
「無說無不說」。不著兩邊。由此，認識道的眞髓在於「絕言」、「體道忘言」。
這與佛教所謂：「若有所說，皆是可破，可破故空。所見既空，見主亦空，是名
畢竟空」〔註82〕一樣，都是要破人類思維活動賴以實現的語言，以體証「道」
的虛寂。既然虛極之道不能用知覺驗徵，也無法用語言表稱，那麼對「道」的
語言詮釋將會陷入越說得多離之越遠的泥潭，因之對「道」的體認在於「得意」、
「悟理」，即神秘的直覺。更進一層，李榮乾脆勸人不去認知。他一再強調「不
知」、「不識」；指出「聖本遺知，是以不病」；告誡人們「去大時之有識，反小
日之無知」，〔註83〕即回歸嬰兒的無知狀態，然而此種所謂的回反無知的狀態，
實際上應該指陳爲透過超越性質的理解，消融過往認識所引發的執著，故在有
無雙遣之後所得到的印證功夫，所以此說不是拋棄一切而是眞心解脫一切的法
門，故重玄思想一直執著於此處的論辯過程中；至於要人們「除嗜欲，絕是非，
遺萬慮，存眞一」。〔註84〕所謂「眞一」，就是他津津樂道的「慧徹空有，知通
眞俗，知也。所照之境，觸境皆空，能鑒之智，無智不寂。能所俱渴，境智同
忘，不知也。照如無照，知知無知，此爲上德也。不知強知，多知多失，傷身
損命，是知之病。」〔註85〕達到認識主體與客體都泯滅遺忘的境界。總之，「道」
是不可解的未知數，要認知它的最好方法就是「不知」。

　　綜上所述，作爲宇宙萬物本源的「道」是虛寂，它超越時空，超越現象

〔註78〕《老子注》，卷下，第 16 頁。
〔註79〕《老子注》，卷下，第 28 頁。
〔註80〕《老子注》，卷下，第 8 頁。
〔註81〕釋道宣，《集古今佛道論衡》，卷丁，《大慈恩寺沙門靈辯與道士對論》。
〔註82〕《大智度論》（收錄於《大正藏》，第 25 冊），卷 31，第 290 頁。
〔註83〕《老子注》，卷上，第 41 頁。
〔註84〕《老子注》，卷上，第 7 頁。
〔註85〕《老子注》，卷下，第 49 頁。

界，無形無象，妙體不變，眞際不動，不可言說，不可認知。這個「道」既不能說它是「有」，也不能說它是「無」，應說「非有非無之眞，極玄極奧之道」，〔註86〕這才是「道」的生成性和實現性。李榮以「非有非無」、「有無雙遣」的中道觀來顯現「道」，正體現了重玄派解老的特色。

成玄英、李榮作爲唐代重玄派的代表人物，其思想在當時道教中最富於義理性和思辨性，這與他們善於繼承《老》《莊》哲學和消化吸收佛教中觀思想是分不開的。他們的《老子注》有兩大共同特徵：一爲援《莊》入老，一爲援佛入老。通過對佛老的巧妙結合，發展了道教的教理教義，對後來道教思想的演變產生了深遠的影響。王玄覽的道體論即受到過此種影響。

第四節　潘師正

潘師正（586～684）〔註87〕繼其師王遠知之後，又繼續成爲主要的道教國師。隱居山中二十多年，受唐高宗的倚重，始終與帝王間保留相當的距離。

就道教方面的傳記材料存有司馬承禎《潘尊師碣》與陳子昂《體玄先生潘尊師碑頌》兩篇。其中《潘尊師碣》論其初學春秋與禮，後歸心於黃老學說，習業於王遠知門下，隱居於嵩山，頗受高宗武后重視。並爲了他見了不少宮觀。

潘師正早年向道就與《老子》有緣，其修練功夫也堪稱獨步當代，因爲能不屈從帝王，備受當代人所重視。至於陳子昂的作品文章稍簡短，對於其弟子描述中，也有交代傳法弟子十人，包括「穎川韓（亦爲韋之誤）法昭、河內司馬子微，……陶公至子微，二百歲矣。」〔註88〕文章的年代亦很接近潘師正的辭世，所以應有其可信之處，足以補足正史之缺。可見潘師正一生雖隱居叢林之中，仍能教育許多當代著名的道士與學者，眞所謂學行並重的修道之士。有關潘師正的作品有記錄與皇帝問答的《道門經法相承次序》。〔註89〕在此書中，討論道道教的「道性論」問題及關於「無得戒」的思想，這些思想與佛教的中心觀點「一切眾生皆有佛性」有關，而無得戒則直接與道性論相接，形成道教的「頓悟」思考系統。此一系統有別於隋朝以前的道教基本思想。〔註90〕

〔註86〕《老子注》卷上，第32頁。
〔註87〕生卒年代參見卿希泰主編，《中國道教》，第一卷，頁266。
〔註88〕參見《道家金石略》，〈體玄先生潘尊師碑頌〉，頁91～92。
〔註89〕參見卿希泰主編，《中國道教》，第一卷，頁267。
〔註90〕此處思維與佛教南宗禪學頗有異曲同工之妙，然而潘師正的年代比較南宗慧

一、援引佛教思想

　　《道門經法相承次第》〔註91〕卷上討論「道教源起」和「宇宙生成」概念。將天界分爲三十六天，對於《老子》則推崇爲「乃是大乘部，設正當三輔之經，未入三洞之教。」（卷上）其中對於常用道教名數的說明，有不少參考佛教的觀點而成。如六根（眼、耳、鼻、舌、身、意）、六塵（又名六賊，色、聲、香、味、觸、法）、三界（欲界、色界、無色界）、四大（地、水、風、火）、五陰（色、受、想、行、識）、三業（身、口、意）、三塗（地獄道、惡鬼道、畜生道）。〔註92〕

二、援引道教典籍

　　潘師正在討論問題中引用道教典籍則包括有《昇玄經》、《道德經》、《度人經》、《皇人守一經》、《登眞隱訣》、《黃庭內外景經》、《海空智藏經》、《靈寶經》系、《無量經》、《太上開演秘密藏經》、《太上洞極最勝無等道集經》、《寶玄經》、《仙公請問經》、《太上決疑經》、《老君經教》、《太眞科諸天靈書度命經》、《定志經》、《眞位靈業經》、《八素經》、《靈寶本元經》、《紫館明眞地仙洞訣經》。

　　就這些典籍而言，可見得至少在潘師正時期的上清派宗師，已經大量引用隋唐初年出現的大量重玄派典籍，而重玄說法在其論述過程中所佔的比例也相當可觀，因此上清系統顯然也將這類思想納入國家道教體系的架構中，並且進一步修正原有的上清系統觀點。

三、重玄觀點

　　有關重玄思想的引用，在解釋元始天尊的對話中，提到「非身離身，亦不不身，而以一形周遍六道，非心離心，亦不不心，而以一念了一切法。解眾生性即眞道性，一相無相，以此爲無。」（卷上）對於「道身」的論證觀點，也同樣採用中觀方式進行說明，「一者道身，寂體虛無，二者生身，誕孕形軀。言道身者，離一切相，正慧成滿，斷除虛妄，冥契玄宗，與道爲一。不滅不生，無來無去。」（卷中）並且出現重玄派思想特有的「本跡」觀點的說明，

　　　　能更早，且一生教學於北方，與慧能一生於南方弘法不太可能互相交流。

〔註91〕參見《道門經法相承次第》（《正統道藏》，第41冊），頁733～763。

〔註92〕參見《道門經法相承次第》，卷上，頁734～736。

「本對於末，因待假名，稱爲物始，用涉能生，又爲跡本，洞寂用殊。」（卷中）使用佛教三論系統常用的鏡像之喻說明有無對立的虛假性，「猶如明鏡，能現色像，了了分明，種種差別，是鏡中像，不可定說，是有是無。」（卷中）

潘師正雖然不出山中，可是在典籍應用閱讀上所學多方，對於唐代的流行思維顯然有相當多的涉獵，因而在其弟子紀錄天師與皇帝的對或過程之中，就有非常多的重玄思想體現其中。可見得上清系統也同樣將重玄思維模式進一步引入宮廷之中，成爲道教的主流應用體系。

第五節　王玄覽

王玄覽，俗名暉，法名玄覽，其先祖自晉末從并州太原（今山西太原市西南）移居廣漢綿竹（今四川綿竹縣）。生於唐高祖武德九年（626 年），卒於武周神功元年（697 年），其生平略見於王太霄《玄珠錄序》。〔註93〕

王玄覽早年重道教方術，好卜筮吉凶，看相算命，至四十歲左右，開始修習「玄性」，深入佛老。究其源奧，快五十歲時度爲益州至眞觀道士。晚年一度入獄，六十歲後不再說災詳，唯著書立說，傳授其道教思想，坐忘修心。但他的一些著作皆已亡佚，僅門人王太霄據諸人私記而匯集的《玄珠錄》兩卷流傳至今，收入《道藏》太玄部，爲研究王玄覽道教思想的主要材料。該書收其語錄約 120 餘則，闡述了「道物」、「道體」、「道性」、「有無」、「眞妄」、「動寂」、「心性」等理論問題，下面我們即據此時他的道教局想作一簡略的介紹。

一、道、物

通過「道」和「物」的關係，闡述「道」普遍地、絕對地存在於萬物之中，道無所不在。

> 萬物稟道生。萬物有變異，其道無變異，此則動不乖寂（如本印字）。
> 以物稟道，故物異道亦異，此則是道之應物（如泥印字）。將印以印
> 泥，泥中無數字而本印字不減（此喻道動不乖寂），本字雖不減，復
> 能印多泥，多泥中字與本印字同（此喻物動道亦動）。〔註94〕

先從道的生成說起，指出萬物由道化生，被化生者雖有變動，俱化生者自體

〔註93〕　《正統道藏》，《玄珠錄序》；《全唐文》，卷 923，第 10 冊，第 9623～9624 頁。
〔註94〕　《玄珠錄》卷上。

卻是靜寂的，另一方面，正因爲萬物稟道，所以物動道也動，這是道的「應物」。合此兩面說，道本寂，應物而動，但應物而不爲物累，「眞體常寂」。就像以印印泥，無論泥中印多少字，印之「本字」始終不變。這是從動寂來証明道遍寓宇宙萬物。

論「生滅」：

> 道無所不在，皆屬道應。若以應處爲是者，不應不來，其應即死，若以不應處爲是者，其應若來，不應處又死，何處是道？若能以至爲是者，可與不可俱是道；若以爲非者，可與不可俱非道。道在境智中間，是道在有知無知中間，觀縷推之，自得甚正，正之實性，與空合德。空故能生能滅，不生不滅。
>
> 道能遍物，即物是道。物既生滅，道亦生滅。〔註95〕

道亦生亦滅，又不生不滅，道自性與「空」合，所以道能遍物，無所不在。

總的說來，道與物的關係是：「沖虛遍物，不盈於物，物得道遍，而不盈於道。道物相依，成一虛一實。」〔註96〕二者相依相存、缺一不可，正顯示了「道」絕對地存在於萬物之中。此與《道教義樞》道性義〔註97〕的思想是一致的。既然萬物有道，無情無識皆含道性，那麼眾生當然都有道性，都能得道。透過眾生與道的關係，我們可在更深層次上看到其道寓萬物的思想並考察其修道理論。

道與眾生不可分割，但其同異怎樣呢？「道與眾生，亦同亦異，亦常亦不常。」爲什麼這樣說？因爲「道與眾生相因生，所以同；眾生有生滅，其道無生滅，所以異。」因此講：

> 是同亦是異，是常是無常，忘即一時忘，亦同亦非異，非常非無常。
>
> 其法眞實性，無疆無不疆，無常無不常。〔註98〕

就是說，對這個問題應不著二邊，作中道觀。

道性和眾生性都與自然相同，眾生又稟道而生，那是否說眾生即是道呢？「眾生稟道生，眾生非是道。」正因爲如此，所以眾生必須修習道：

> 眾生無常性，所以因修而得證，其道無常性，所以感應眾生修。眾生

〔註95〕《玄珠錄》。

〔註96〕《玄珠錄》。

〔註97〕王宗昱，《道教義樞研究》（上海，上海文化出版社，2001年1月，一版一刷，359頁），頁244～259。

〔註98〕《玄珠錄》。

不自名，因道始得名；其道不自名，乃因眾生而得名。若因之始得名，
明知道中有眾生，眾生中有道。所以眾生非是道，能修而得道；所以
道非是眾生，能應眾生修。是故即道是眾生，即眾生是道，起即一時
起，忘即一時忘，其法眞實性，非起亦非忘，亦非非起忘。〔註99〕

道與眾生互爲因緣，故道中有眾生，眾生中有道，二者相因相成。但眾生不
等於道，故必修習才能得道。道也不等於眾生，然其具有「感應」性，即能
「應物」，故能感應眾生修行。道與眾生既互爲因，則緣起和相忘亦具同時性，
對此應非起非忘，亦非「非起忘」。這與雙非雙遺的重玄妙境完全相同。關於
此，他一再強調：

諸法若起者，無一物而不起，起自眾生起，道體何曾起。諸法若忘
者，無一物而不忘，忘自眾生忘，道體何曾忘。道之眞實性，非起
亦非忘。〔註100〕

從方法論上說，他運用的仍是「中觀」，此與重玄派一致。〔註101〕所要証明的
是眾生稟道，道能感應眾生，眾生修習能得道。爲証明這點，他從「隱顯」
和「生死」兩個方面來闡述，從「隱顯」來說：

眾生與道不相離。當在眾生時，道隱眾生顯；當在得道時，道顯眾
生隱。只是隱顯異，非是有無別。所以其道未顯時，修之欲遣顯；
眾生未隱時，捨三（之）欲遣隱。若得眾生隱，大道即圓通，圓通
則受樂；當其道隱時，眾生具煩惱，煩惱則爲苦。避苦欲求樂，所
以教遣修，修之既也証，離修復離教，所在皆解脫，假號爲冥眞。
〔註102〕

從「生死」來說：

道常隨生死，與生死而俱。彼眾生雖生道不生，眾生雖死道不死。
眾生若死，其道與死合；眾生若生，其道與生合。經生歷死，常與
道合，方可方不可。若可於死者，生方則無道，若可於生者，死方
則無道」其道無可無不可，所以知道常，生死而非常，生死之外無
別道，其道之外無別生死，生死與道不相捨離，亦未曾即合。常有

〔註99〕《玄珠錄》。
〔註100〕《玄珠錄》。
〔註101〕關於此點，可參閱前述成玄英、李榮的思想。
〔註102〕《玄珠錄》。

生死故，所以不可即；不捨生死故，所以不可離。〔註103〕

道與生死呈不即不離之狀，眾生修道解脫生死也就是要進入這種狀態。綜上兩個方面來看，道與眾生就是：

眾生無常故，所以須假修；道是無常故，眾生修即得。眾生不自得。因道方始得；道名不自起，因眾生方起。起即一時起，無一物而不起；忘即一時忘，無一物而不忘。優劣一時俱，有何道與物？眾生雖生道不生，眾生雖滅道不滅；眾生生時道始生，眾生滅時道亦滅。〔註104〕

道與眾生互為條件，道與物冥合為一，道非起非忘，非生非滅。

總之，道與物，道與眾生是同一問題的不同層面，前者外延更廣大，後者內蘊更深厚。王玄覽對比的論述，使我們看到「道」的絕對性、普遍性、感應性和超時空性，而這個理論問題最終的落實處是眾生皆稟道，道在眾生，眾生修習才可得道的修道論。應該說，道寓萬物，道寓眾生的思想給眾生修道理論奠定了一條至高無上的神學依據。

二、道　體

「道體」為何？「道體實是空，不與空同。空但能空，不能應物，道體雖空，空能應物。」〔註105〕道體真相是「空」，但這是種「能應物」的「空」，用比喻的話說，「道體如鏡，明不間色，亦不執色，其色變改去來，而鏡體不動。」〔註106〕鏡子照物，又不執著於物，所照之物千變萬化，但鏡體自身不變，空空如也。道體的「空」即類似於此。道體的「空」又呈現為靜寂不動，故說：「真體常寂」，又說：「至道常玄寂」。〔註107〕可見，道體就是這樣一種空寂的聖殿。他從各個側面來描繪「道」的空寂。他說：「法體本來，體自空曠，空曠無有無見。」「持一空符以印諸有，有來隨應，有去隨亡。有若不來，還歸空淨。空中有分別，有分別亦空；空中無分別，無分別亦空。」〔註108〕不管怎樣，最終只是「空」。「色」與「空」也是這樣：「色非是色，假名為色。明知色既非空，亦

〔註103〕《玄珠錄》。
〔註104〕《玄珠錄》。
〔註105〕《玄珠錄》。
〔註106〕《玄珠錄》。
〔註107〕《玄珠錄》。
〔註108〕《玄珠錄》。

得名空。無名強作名，名包亦名空，若也不假名，無名無色空，亦無無色空。」
〔註109〕就是說，空即色，色即空，色空不過是假名，拋卻假名，不但否定了有
名號的「色空」，也要否定無名號的「色空」，通過這種連續的徹底否定，才算
參透「空」，這種「空」才是道體實相。此又是不落二邊的中道實相，故云：「空
法不空，不空法不空；有法不有，不有法不有。空法豁爾，不可言其空，若言
空者，還成有相，不空而有，有則不礙。」〔註110〕這一段與吉藏《三論玄義》
以中道說空比較，〔註111〕就可明白王玄覽說空頗受三論宗影響，很類似於李榮
的情況。道「空」義是無分別的，是種無差別境界。比如：

> 煩惱空，故不可得；至道空，故不可得；二相俱是空，空相無分別。
> 以其迷見故，即為煩惱；以其悟見故，即為至道。煩惱不可得，還
> 是煩惱空，至道不可得，還是至道空。二空不同名，名異體亦異，
> 優劣亦爾。又言：對二有二故，所以言其異；若合二以為一，其一
> 非道一，亦非煩惱一。〔註112〕

大千世界，萬有諸相，主體客體，其實並無差別，本質上都是「空」。道空與
煩惱空一分為二時，似乎有差異，但如合二為一，作中道觀，實質都一樣。
這就叫「空相無分別」。王玄覽否定了事物的差異與矛盾，走向相對主義，而
這種相對主義詭辯論是要証明其絕對的道體「空」。

　　總之，他採用中觀方法論証道自體本「空」，毫不隱晦地引佛教「空」說
「道」，在援佛入道上比上清派宗師走得更遠，這在當時的道教理論家中是頗
為特別的。然而此項引佛入道的傳統，實際上自南北朝以來就相當盛行，只
不過使用的消化程度不同，只在方法上的援引，而體系本身則完全來自道教
內部學說體系，與南北朝時期的抄襲是截然不同的狀況。

　　《道德經》第一章開宗明義即指出：「道可道，非常道。」據此，王玄覽把
道自體劃分為「常道」與「可道」兩大類，並闡釋二者關係，要人們去追求「常
道」，以獲永恆。他認為：「常道本不可，可道則無常。不可生天地，可道生萬
物。有生則有死，是故可道稱無常。無常生其形，常法生其實。」〔註113〕「常
道」與「可道」的生成功能不同，常道生天地，可道生萬物。天長地久，故常

〔註109〕《玄珠錄》。
〔註110〕《玄珠錄》。
〔註111〕參閱《大正藏》，第45冊，第7頁。
〔註112〕《玄珠錄》。
〔註113〕《玄珠錄》。

道常住不變；萬物有生有死，故可道變動無常。可道只是表相，常道才是實質。這就是「可道」與「常道」的本質差異。因此：「可道爲假道，常道爲眞道」，〔註114〕也就是所謂「眞常之道」。作爲「可道」的「假道」，他又稱之爲「濫道」。他說：「此道有可是濫道，此神有可是濫神，自是濫神濫道是無常，非是道實神實是無常。」〔註115〕所謂「濫道」也就是失落了眞實的道，所以稱之爲「無常。」但濫道與眞道之間也並非沒有聯繫，若能了悟眞常之道，濫道便可發生轉化，故云：「若也生物形，因形生濫神，所以約形生神，名則是濫。欲濫無欲，若能自了於眞常，濫則同不濫，生亦同不生，不生則不可。」〔註116〕既然可道能向常道發生轉化，二者必有一定聯繫。這聯繫是什麼呢？他講：「不但可道可，亦是常道可；不但常道常，亦是可道常。宜是相因生，其生無所生；亦是相因滅，其滅無所滅。」〔註117〕這就是說，可道與常道互爲因緣條件而生滅，但又非生非滅。原來，可道與常道的聯繫也是建立在中道觀上的，對此也不可執著二邊。進一步，他對可道所生成的無常世界進行分析，認爲現象界皆表現爲虛妄。他說：「十方諸法，並可言得，所言諸法，並是虛妄，其不言之法，亦對此妄。言法既妄，不言亦妄。」〔註118〕所謂「法」本爲佛教名詞，指現實世界的物象，他借用來說明世間的事物無論可言不可言，都是虛妄不實。萬物歷以虛妄，在於「諸法無自性，隨離合變，爲相爲性。觀相性中，無主無我，無受生死者；雖無主我，而常爲相性。」〔註119〕萬物無自性，無相性，不能自我主宰，其所顯露的相性，不過是隨著自性的分離組合而演成。這自性實爲萬物「相性」的眞正主宰，故萬物之相性不過是一種假幻。他比喻說：

將金以作釧，將金以作鈴，金無自性故，作釧復作鈴，釧鈴無自性，
作花復作像，花像無自性。不作復還金，雖言還不還，所在不離金，
何曾得有還？釧鈴相異故，所以有生死，所在不離金，故得爲眞常。

〔註120〕

金作成釧或鈴，就表現爲釧或鈴的相性，但不管是釧還是鈴都無自性，有形

〔註114〕《玄珠錄》。
〔註115〕《玄珠錄》。
〔註116〕《玄珠錄》。
〔註117〕《玄珠錄》。
〔註118〕《玄珠錄》。
〔註119〕《玄珠錄》。
〔註120〕《玄珠錄》。

成和毀壞，故爲虛幻，唯有「金」自體不變，實實在在。眞常之道與「萬法」之間也就如金與釧或鈴的情形一樣。

三、諸法虛妄

諸法虛妄，這在他是毫無疑問的，但認識與論証這個命題也須運用「不一不二、不即不離」的中道觀。所以他一再說：

> 若也作幻，見眞之與幻俱用幻；若也作眞，見幻之於眞俱是眞。諸法實相中，無幻亦無眞。〔註121〕

> 說一法亦是假，二法亦是假，乃至十方無量法並悉是於假。假中求眞亦不得，假外求眞亦不得，乃至十方無量法，並悉求眞無有眞。明知一切假，即是一切眞。若也起言者，言假復言眞，若也不起言，無眞亦無假。〔註122〕

> 物與言互妄，物與言互眞。觀言如言法，觀物如物形，此是言物一時眞。若也約物以觀言，約言以觀物，此是言物一時妄。則知言物體，非眞亦非妄，是眞亦是妄。我若去看亂，何曾有眞妄？既得眞妄寂，則入於環中，在中不見邊，以是中亦遣。〔註123〕

不論從哪個角度考察眞妄，他都始終以非眞非妄，不著二邊的精神貫穿其間，認爲只有如此才能入於中道境界。最後，他連「中亦遣」去，這就是他所謂：「因濫玄人重玄，此是眾妙之門」，〔註124〕也即佛教三論宗和重玄派說的病去藥除，都無所有。在他看來，只有這樣才能眞正了悟諸法虛妄的「眞理」。

他這樣反復說明世界萬物相性的虛妄假幻，無非是要從這一層面反証眞常之道的「空寂」，現象界正是由這種空寂的最高本體幻化而成。這與中觀學派的本體論中道緣起論學說還有什麼區別呢？故王玄覽的道體論是在老子哲學的基礎上，吸取佛教中道緣起說而形成的，是融佛老爲一爐的產物。

佛教中道緣起主要否定的種種對立的兩個極端之一就是「有無」，通過否定「有無」，以「中」的觀點指明萬物緣起，並落實「中道實相」。王玄覽借用中道觀對《道德經》講的「有無」加以新的詮釋，從而進一層標明道體的

〔註121〕《玄珠錄》。
〔註122〕《玄珠錄》。
〔註123〕《玄珠錄》。
〔註124〕《玄珠錄》。

空寂實相。爲更明確地審視其道體的內涵，有必要看看他對「有無」的論述。

> 若因有，始名無，有即在無內。有若在無內，有即自妨無，其無無
> 由名。有若在無外，有即無由名。若無由得名有，無由亦名無。有
> 無一時俱有，既相違，同處則不可。〔註125〕

這是講，如果「無」因「有」才得名，有應當在無之內，有如包含在無之中，則妨礙無的成立，無不能得名。假如說有在無之外，有又無從得名。有既不能成立，無也不能稱之爲無。有無同時存在，既相矛盾，則其並存是不可能的。顯然，老子「有無相生」的對立統一思想在這裡沒有得到發揮，他發揮的是非有非無的中道觀，與若干的肯定式思維相反，他運用的是否定式思維，要否定有無。所以他勸人：「勿舉心向有，勿舉心向無，勿舉心向有無，勿舉心向無有」。〔註126〕就是要人們勿走極端，不偏不倚，克服偏見。

　　他又把有無與「生滅」、「常斷」等聯繫起來討論，認爲：「天下無窮法，莫過有與無。一切有無中，不過生與滅。一切眾生中，不過常與斷。」〔註127〕生滅、常斷是《中論》八不緣起的前兩對範疇，龍樹認爲從因果關係出發論有無，能推出生滅，常斷等八個方面，但對此不能執著，尤其不能執著生滅，因爲只有首先否定生滅進而否定常斷等，才能顯示緣起性空。王玄覽從有無推論「一切有無中，不過生與滅」，這與龍樹的思維進程、論証方式都一致，只不過他是通過否定有無來顯示道體的空寂。他借用《中論》的四句否定式說有無：「有法、無法（相因而生），有無法（和合而成），非有法非無法（反之而名），非有無法（反合而名）。正性處之，實無所有（內外俱空而法非無）。無時無有，有無法從何名，有時無無，有有法從何生。二法不同處，云何和合成。若有有無法，可許非有非無成。有無既也破，非有非無破。二法既也破，云何和合名。出諸名相而入眞空，眞空亦空而非無也。」〔註128〕佛教《中論》對有無作四句否定的套式爲：有→無→亦有亦無→非有非無。這是種正、反、合，離的思維進程。用途一套式審視王玄覽的：有法→無法→有無法→非有非無法（非有無法），可知其論証「有無」所運用的正是四句否定式。他所謂「二法既也破，云何和合名」即是對「合」的否定；通過對「合」有無

〔註125〕《玄珠錄》。
〔註126〕《玄珠錄》。
〔註127〕《玄珠錄》。
〔註128〕《玄珠錄》。

的否定，証明離二邊的「非有非無」。最終其落腳點仍在於「空」。

因此，他又將「空」與有無連起來討論：

> 言空之時若有有，有不名空；言空之時若無有，有無空亦無，云何
> 得名空？言有亦如此。有無是相因，有有則有無（有分別空）；有無
> 是相違，無時無有有，有無無亦無（無分別空）。前後是相隨，前言
> 有分別，後說無分別。在無分別時，有分別已謝，是則前謝後亦謝
> （眞實空），有無相因生，有有無亦有，無有有亦有，此名橫相因，
> 各於有無中，是有是非有，是無是非無，此是豎相因。己上三法爲
> 三事，三事有分別，離此三事即是空，空即無分別。〔註129〕

就是說。在「言空」時肯定有肯定無，都不能了証「空」。只有否定有無。才
說得上「空」。有無互爲因緣又互相矛盾，二者既表現爲歷時性又表現爲同時
性，即他所謂：「即有始有無，此是前後之有無，即有是於無，此是同時之有
無。」〔註130〕當有無表現爲歷時性時，否定了前者也就否定了後者，即所謂
「前謝後亦謝，」這才叫「眞實空」。他把有無相因而成的狀況稱爲「橫相因」，
把亦有亦無、亦無亦有的狀況稱爲「豎相因」，這些都還有分別，只有否定它
們才可進入無分別的「空」。說來說去，到底是要「非有非無」，落實到最高
本體「空」。由此可見，他對有無的論証，進一步証明了他的道體空寂論。

因此，有無與道也是相連的，參破有無也關係得道的大事。他說：

> 不一亦不二，能一亦能二；是有亦是無，無無亦無有。以其是有故，
> 將有以歷之；以其是無故，將無以歷之。棄無而入道，將有以歷之；
> 棄有而出世。（按：此處似脫漏「將無以歷之」一句）世法既生滅，
> 棄世而入道。道性無生滅，今古現無窮。故云：廓然眾垢淨，洞然
> 至太清。世界非常宅，玄都是舊京。

他又以「絲」的音性有無來舉例說明怎樣「得常存」：

> 明知一絲之中，有有亦有無，其中之性，非有亦非無。若欲破於有，
> 絲中音性非是有，若又破於無，絲中音性非是無。以非有無故，破
> 之不可得，所以得常存。〔註131〕

神仙長生之道就在「棄無棄有」、「非有非無」。在此，中觀方法又是其了証神

〔註129〕《玄珠錄》。
〔註130〕《玄珠錄》。
〔註131〕《玄珠錄》。

仙之道的途徑。

　　隋唐道教思想家多論心性問題，由此追尋成仙了道的內在根據，王玄覽也不例外，《玄珠錄》中充滿了談論心性的語錄。在心與境、心與法的關係上，即主觀與客觀的關係上，王玄覽認爲是主觀決定客觀，心爲主宰，心的生滅決定外物現象的生滅。他說：「心之與境，常以心爲主」，〔註132〕「心生諸法生，心滅諸法滅。若証無心定，無生亦無滅。」〔註133〕這是一方面，另一方面，心與境又是相對待而緣起的：「將心對境，心境互起。境不搖心，是心妄起。心不自起，因境而起。無心之境，境不自起；無境之心，亦不自起」。〔註134〕「心中本無知，對境始生知」。〔註135〕「心中無喜怒，境中無喜怒，心境相對時，於中生喜怒。二處既各無，和合若爲生。」〔註136〕主觀與客觀是相互作用而存在的，認識也是主客體相對待而發生的，甚至人的喜怒哀樂感情亦須心境的因緣和合而起。這樣講顯然受到大乘中觀學派受用緣起說的影響。此外，他的思想也受佛教業感緣起論影響，比如他講：「眾生隨起知見而生心，隨造善惡而成業。不造則業滅，不知見則心亡。心亡則後念不生，業滅則因亡果盡。」〔註137〕總的來說，他注意到了客觀環境對人的主觀有所影響，從主客觀交織對待來分析人生諸相並擴展到宇宙現象，這中間含有辯証法因素。但在心境這對矛盾中，矛盾的主要方面在心，心決定境、支配境，這就顛倒了主客觀的眞正關係，滑入主觀唯心主義。以上是從心境的「合」來講，肯定了主客觀之存在。進一步，他又操起中觀，從「離」去說，否定主客觀。他說：「空見與有見，並在一心中，此心若也無，空有諸見當何在？一切諸心數其義亦如是。」〔註138〕他主張「無心」。什麼是「無心」呢？「心解脫即無心，無心則無知。誰當知脫者？心心知法，法處無心，法被心知，心處無法。二除既無增減，故知無觀無法。無法則心不生知，無心則諸妄不起，一切各定，無復相須而因待者。故前念滅則後念不生，前念不滅亦後念不生。念既不生，則無有念。無念則無心無識，亦無有迷者覺者。是故行人當須識心」。〔註139〕無心是心的解脫，要使心解脫就須無

〔註132〕《玄珠錄》。
〔註133〕《玄珠錄》。
〔註134〕《玄珠錄》。
〔註135〕《玄珠錄》。
〔註136〕《玄珠錄》。
〔註137〕《玄珠錄》。
〔註138〕《玄珠錄》。
〔註139〕《玄珠錄》。

念，一念不生就會「無心無識」，而無心也就意味著無法，心處無法又促使心不生知，心法俱無。通過對認識主體的否定，進而否定了認識客體，離了主客二邊，他又入於中道。

王玄覽說心性多從觀察過程出發，所以其無心說強調否定觀察的真相。他否定觀察的內涵包括否定知見，否定智愚，否定能所。

先看他對知見的否定。他說：

> 見若屬於眼，無色處能見；見若屬於色，無眼處應見，見若屬色復屬眼，合時應當有二見。若也見時無二者，明知眼色不能見，若即於二者，應當有二見，若舍於二者，應當無一邊。云何復一見？一見色之始，始名眼；有知之時，始名心；若使無知無色時，不名於心眼。〔註140〕

眼為感覺器官之一，眼對外界的感受是認識發生的條件之一，故否定認識必否定所「見」。所見者為「色」，看見色時，始名為「眼」，若知色即是空，了悟「無色」，那就應是無眼，無眼當然「無見」。有知時始名為「心」。倘使「無知」，也就無從名為「心」。因此，無見無知就能入於無心。故他主張：「一切眾生欲求道，當滅知見，知見滅盡，乃得道矣。」〔註141〕

次看他對智愚的否定。他說：

> 空中無正性，能生無量識，已生於識訖，識竟更不識。空中之本性，能生一切識，識識皆不同，不同不異空。愚中愚相空，智中智相空，二空相既同，無愚亦無智。愚中有愚空，智中有智空，二空不同名，名異體亦異，勝劣亦爾。當在於愚時，見有智可得，既也得於智，其愚義已謝；愚亦既已謝，其智非為智。何以故？相因而得名，因謝異亦謝，亦無有愚智。末生之時若也空，復將何物出？已破之後若也滅，復將何物歸？〔註142〕

愚智反映的是人們認識能力的差別，既然將愚智二相看空，那當然就無所謂愚智；既無愚智，也就沒有認識能力的高低之分；既無分別、無對待，又何來認識？所以通過對智愚的否定他否定了認識，仍落入其「無心」的套子中。

再看他對能所的否定。他說：「常以心道為能，境身為所。能所互用，法

〔註140〕《玄珠錄》。
〔註141〕《玄珠錄》。
〔註142〕《玄珠錄》。

界圓成；能所各息，而眞體常寂。」〔註143〕「能所」也是借用佛家術語，指認識的主客體；「法界」在佛教各宗派中解說各異，這裡當是指「意識」所緣慮的對象。他的眞正目的並非要「能所互用」，而是要「能所各息」，即否定能所，入於「眞體常寂」的境界。這樣就達到了其對認識的否定。

否定認識，提倡無心無知，最終還是落實到入「道」。他說：「此處雖無知，會有無知見。非心則不知，非眼則不見。此知既非心，則是知無所知，此見既非眼，則知見無所見。故曰：能知無知，道之樞機」〔註144〕得道的關鍵所在是了悟「無知」，無知無見無心，自然而然合於眞常之道。他用芭蕉剝皮來比喻心與道的關係：

> 一切萬物，各有四句，四句之中，各有其心。心心不異，通之爲一，故名大一，亦可冥合爲一。將四句以求心，得心會是皮，乃至無皮無心處，是名爲大一。諭如芭蕉，剝皮欲求心，得心會成皮，剝皮乃至無皮無心處，是名爲正一。故曰：逾近彼，逾遠實，若得無近無彼實，是名爲眞一。〔註145〕

由中觀的「四句」說及心，以四句求心終歸是要「無皮無心」，猶如剝芭蕉，剝皮求心，得心只會是皮，剝皮到無皮無心處，才稱得上「正一」之道。就是說一般人以爲剝芭蕉皮得心就達到目的了，其實仍是皮相，只有連「心」也參破，即「無心」，才算眞正悟道，所以「道」就在「無心」之中。

與「心」密切相關的是「性」，他認爲：「實性本眞，無生無滅」。〔註146〕這裡的「實性」相當於佛教所謂「法性」，亦即其空寂之「道」的別名，所闡明的是法性離二邊的道理。這一點從下面這段話更可見：「諸法二相自性離，故帶空名爲法，帶有名爲物」。〔註147〕也就是要不滯空有二邊，因爲諸法自性爲「離」。他又進一步說明法無自性，性如虛空之理：

> 瞋喜無自性，迴緣即乃生，生法無自性，舍遇即復滅。是故瞋喜如幻化，能了幻化空，瞋喜自然息。
>
> 何得瞋宜？非外非內，發生於冥；非冥非內外，發生於遇緣；非緣不離緣，瞋喜如幻化。雖化未嘗不瞋喜，如此瞋喜與天地共，共即

〔註143〕《玄珠錄》。
〔註144〕《玄珠錄》。
〔註145〕《玄珠錄》。
〔註146〕《玄珠錄》。
〔註147〕《玄珠錄》。

> 為大身，此並是意生身。意想如幻化，即是性生身；其性如虛空，
> 即是無生身。無則無生身，無身則是無瞋喜，此則無物亦無道，而
> 有幻化等，是名為自然。自然而然，不知所以然。〔註148〕

> 一法無自性，復因內外有；有復無自性，因一因內外；因又無自性，
> 非一非內外，化生幻滅，自然而爾。〔註149〕

上述思想實質上是《般若》、中觀學派「性空緣起」理論和老子自然之道結合的
產物。他以人的喜怒為例，闡述諸法無自性，如幻化，「性如虛空」。這與佛教
所謂「眾生空、法空，終歸一義，是名性空」，〔註150〕沒什麼不同。然後，他又
以老子的「自然」義對此作進一步說明，指出諸法幻化都是自然而然的，這就
將佛老融合起來了。以上是從本體論出發說「性空」，與其論道「空」是一致的。

從認識論角度，他認為：「心之與境，共成一知。明此一知，非心非境而不
離心境，其性於知於心境，自然解脫」。〔註151〕亦心亦境而又非心非境，了悟
此，則「性」自然從「知」與「心境」中解脫，這與其講「無心」是吻合的。

他特別提出「正性」這一概念，認為：「人心之正性，能應一切法，能生
一切知，能運一切用，而本性無增減。」比如：「對境有喜怒，正性應之生喜
怒。對境有去來，正性無去來。」他這樣証明「正性應之生喜怒」：

> 若無有正性，怒性則不生，怒雖因正生，然怒非是正；以怒非正故，
> 怒滅正不滅；以正不滅故，所以復至喜；若無於正性，其喜則不生。
> 喜雖因正生，然喜非是正；以喜非正故，喜滅正不滅。若云怒獨滅
> 於前，喜獨生於後者，喜怒則兩心，前後不相知，云何在喜時而復
> 能念怒？以能念怒故，喜怒同一性，故喜時即是怒滅，怒滅即是喜
> 生。〔註152〕

所謂人心的「正性」也就是人心的本性，它的法力無邊，能應對世間萬物，能
產生一切認知，而自己無「增減」的變化。比如喜怒這樣的心理活動，感情變
化，雖然發生自正性，但並不等於正性，故喜怒有生滅而正性無生滅。這樣一
種非生非滅、應物而不為物累的「正性」，與其所謂真常之道完全契合。而心之
正性與常道的契合，恰好顯現了人的心性中有與道同一的種子，換言之，即人

〔註148〕《玄珠錄》。
〔註149〕《玄珠錄》。
〔註150〕《大智度論》，卷31。
〔註151〕《玄珠錄》。
〔註152〕《玄珠錄》。

的心性就是道性，這就從人自身方向解決了得道的基本依據問題。故說到底，其心性論與其道體論是相通的，二者的目的是一致的。下面一段話更明確地表示了道性與眾生性的同一性：「大道應感性，此性不可見；眾生愚智性，此性不可見。道性眾生性，二性俱不見。以其不見故，能與至玄同；歷劫無二故，所以名爲同」。〔註153〕道性與心性皆」不見」，「歷劫無二」，所以二者同一於「至玄」。這再清楚不過地表白了他的心性與道性不一不二的思想。

　　另外，在處世之道上，他認爲人性應如水性，柔弱不爭。他說：

　　　　上善若水，水性謙柔，不與物爭。行者之用，處物無違於中，萬施
　　　　詳之以遇，遇皆善也。智莫過實，財莫過足，行莫過力，則能互相
　　　　優養，各得其全。若過則費而且傷，大者傷命，小者成災，良爲違
　　　　天背道，法所不容。適足則已，用天之德。〔註154〕

這是把老子「上善若水」和中道觀結合起來產生的性善論，是對修行者養性的要求。

四、坐忘修道

　　在修道的方法上，他主張坐忘修心，定慧雙修。他說：「谷神不死。谷神上下二養：存存者坐忘養，存者隨形養。形養將形仙，坐忘養捨形入眞。」〔註155〕形養指煉形，這是只能得「形仙」一類低品位的修仙之法；坐忘則是煉神，最終捨形而入於眞常之道。他強調的是「坐忘」。怎樣「坐忘」呢？首先，他認爲就是努力滅知見，「知見滅盡，乃得道矣」。有人提出：「眾生死滅後，知見自然滅，何假苦勸修，強令滅知見？」他解答說：

　　　　死不自由死，死時由他死，死後知見滅，此滅並由他。後身出生時，
　　　　生時會由他，知見隨生起，所以身被縛，不得道矣。若使身在未滅
　　　　時，自由滅知見，當至身滅時，知見先以無，至已後生時，自然不
　　　　受生，無生無知見，是故得解脫。〔註156〕

這就是說，死後知見滅，乃是由於他力而不是由於自身的努力，故來世出生時知見又隨生起，不得解脫。假如在現世經由修行斬滅知見，跳出輪迴，入

〔註153〕《玄珠錄》。
〔註154〕《玄珠錄》。
〔註155〕《玄珠錄》。
〔註156〕《玄珠錄》。

於不生不滅之境，自然無生無知見，因此可得道。這就是他求道必須徹底絕滅知見的理由，這理由包含著佛教三世輪迴的思想。

要坐忘必須保持自我主體的清淨。「識體是常是清淨，識用是變是眾生。眾生修變求不變，修用以歸體，自是變用識相死，非是清淨眞體死。」〔註157〕認識主體本爲常清淨，變動不常不過是識體之用，眾生修行就是向識自體回歸，求得不變之常清淨。清淨的識自體是不滅的，滅的只是變用識相，正是識相的斬滅才能回歸清淨識體。如果說上述斷滅知見是佛家的說法，那麼識體常清淨又是傳統道家理論，王玄覽把它們統一起來，以闡明白己滅知見、回歸清淨識體的思想。這一思想正是坐忘的重要內容。怎樣滅知見回歸清淨識體？他認爲具體方法是：「恬淡是虛心，思道是本眞。歸志心不移變，守一心不動散」。〔註158〕虛其心志，存思眞道，恬靜淡泊，守一不動心，這都是傳統道家與道教的修行方法。要使心不移變、不動散，他認爲還應當定慧雙修，這一點與司馬承禎的主張十分接近。〔註159〕他說：「止見定中無邊際，不見慧中無邊際；止見定中有邊際，不見慧中有邊際。只爲一有一無故，所以定慧相容入。此則尋名名不盡，尋色色無窮。定爲名本，罩爲定元。若將定以當世，可與不可俱在其中；若將慧以當世，定與不定俱在其中。」〔註160〕普通人或者只知心定無邊，不識慧觀也無邊，或者只見心定有邊，不見慧觀也有邊。患有二偏之病。實際上定慧二者既有邊又無邊，合乎非有非無之中道。正因如此，所以定慧不可偏廢，必須同時修煉。假如只修定，有可能得道也有可能不得道。假如只修慧，有可能做到心定，也可能做不到心定。可見偏向任何一邊，都不能收到良好的效果，必須堅持定慧雙修。這一段語錄或許有脫漏，因爲按照王玄覽慣用的否定式思維方式，他只講到亦定亦慧這一層，順其一貫的思路推下來，進一層應爲非定非慧。准此，則其定慧雙修的程式應爲：定→慧→亦定亦慧→非定非慧。那麼，在這個問題上也貫穿著中道觀。總之，王玄覽坐忘修心，定慧雙修的修道論也是佛道融合的產物。

據王太霄《玄珠錄序》，王玄覽曾著有《九眞任証頌》、《道德諸行門》二卷、《眞人菩薩觀門》二卷，皆佚。《眞人菩薩觀門》顯然想融合道佛二教修

〔註157〕《玄珠錄》。
〔註158〕《玄珠錄》。
〔註159〕參見司馬承禎，《坐忘論》，第六，《泰定》。
〔註160〕《玄珠錄》。

行方法的著作，題意既已標識其旨，即從《玄珠錄》看，王玄覽也攝取佛教佛性論等，而統馭之以老子所謂道。早年他曾抄錄嚴遵《道德指歸》，後乃自注《道德經》兩卷，晚年又應門弟子之請，隨口釋經，弟子記爲《老經口訣》兩卷，並傳於世。其書今皆不見傳本。按杜光庭《道德眞經廣聖義序》敘錄六十家注，其中有「洪源先生王輗，《注》二卷，《玄珠》三卷，《口訣》二卷。」此王輗當即王玄覽，「輗」或是他的字。杜光庭將《玄珠錄》視爲解《老子》的著作，也未尚不可。

從王玄覽的生平看，《玄珠錄》所記敘的是他四十至五十歲之間的思想言論，時當高宗居政位後期，武則天攝政之初，略晚於《海空經》造作時間。一般說來，影響一個人思想的因素，主要有這樣三個方面：I.時代的思想主題；II.師友的教育或啓發；III.是人生遭際及由之決定的思考問題的立場。第二、第三方面因素對王玄覽思想的形成，都不具有太重要的影響意義。正因爲他未得師授，未經過寺觀的專門教育，所以也就少受講授知識時必然附帶的思想方法上的局限，從而成就一家獨具風格的學說。王玄覽所思考的，是崇道的知識分子所普遍關心的人生修養，人生解脫等問題，而他的生平並沒有特別的際遇，雖在六十餘歲時因他事繫獄一年，但這時的王玄覽已不愛發議論了。只是在四、五十歲時，王玄覽好滔滔不絕地演說，又多與人辯議，論題必是同時代人所關注的。所以，影響王玄覽思想形成的主要因素，就是時代的思想主題。也正因爲這個緣故，他的思想最典型地反映出高宗、武后當政之際道教思想理論的變化發展。這個變化發展的大趨勢，就是由唐初年無本道體、重玄解脫向自然道性、心性修養的轉變。這是唐初重玄學宗趣之初變。再變則爲玄宗朝的性情修養論，并向修仙復歸。《玄珠錄》一書對於研究唐初道教思想史的價值，主要也就在這裡。如果我們要找出唐初重玄學發展的歷史軌跡，那麼其宗趣之初變由李榮啓端緒，《海空經》進一步將道性論確立爲思想主題，至王玄覽形成兼融道釋的新思想體系。所以，不能離開王玄覽談唐初重玄學的變化發展，也不能離開唐初重玄學的變化發展去談王玄覽的思想理論。

此時宗教發展興盛，粗略他講，隋至唐太宗貞觀年間，思想界被一派『超脫有無二論』的氣氛籠罩著。道教方面，重玄學以「無本道體」和「重玄解脫」爲旨趣，佛教方面，稟承中觀學說的三論宗、天台宗相承成立，雖然《本際經》等道書已開始討論道性問題，天台宗高唱佛性之說，但總的思想旨趣，

卻反映爲非有非無等「百非」之論。這時節的學術思想，有一個最大的特點，即否定（破）得多，建立得少。從根本上說，這也是當時學術界共同奉行的相對主義的思想方法所決定的。至高宗朝，超絕有無二論的歷史任務已經完成，精神上能夠超脫的都已經超脫出來了，但超絕有無二論之後，又以什麼作爲精神寄托？

王玄覽的思想既離不開時代思潮，也不能是無源之水。如果將時代的思想學術譬喻爲河床，那麼王玄覽的思想學說亦自有其源流。這個源流，與唐初道釋論爭有關，與論爭中道教對佛教某些義理的吸收也有關。讓我們回顧一下。貞觀二十一年（647），玄奘、成玄英等人曾奉敕試圖譯《老子》爲梵文，因玄奘已糾正古譯菩提（Bodhi）爲老子所謂「道」的錯誤，改譯「道」爲末迦（Boarga）道士則堅持古譯，意見不合而未成事。但這次失敗的嘗試，卻向道教提出了一個有意義的問題：菩提意爲覺悟，是悟達佛教眞理的最高智慧，也是溝通修行者與成佛道果的邏輯津梁。而重玄學宗承先秦道家的所謂「道」，則爲自然本體，修道體道雖可說是返樸歸眞，但道畢竟是修持對象，作爲自然本體，道的含義是客觀外在於人主體的。修行主體如何能夠修成爲客體呢？這在邏輯上是難以說得通順的。成玄英等人雖然認爲在「不有不無」等意義上，即在由玄而重玄的過程中可以將主客體同一起來，但由於這個同一過程本身就是在思想中完成的，是在遺除偏執的覺悟中完成的，所以少不得要有覺悟這個中介環節。雖然可以將由玄至重玄的不斷遺除過程看作這個中介環節，但「重玄」本身並不是目的，重玄學的目的是體道，所以它的過程與目的不能象佛教修行菩提那樣地邏輯一貫。如果說「道」果爲體悟的對象，那麼，不管如何貼切，如何不間斷地「重玄」，但修持者與道果始終有距離，換言之，完全修成道果，與道冥合爲一，終歸是不可能的，這正是以道體論作爲體道依據的理論缺陷。爲了縫合這一缺陷，王玄覽乃提出這樣一個命題──「道在境智中間」。這個命題成了王玄覽由「道體論」向「道性論」，並進而向「心性論」過渡的理論契機，也爲重玄學發明心性奠定了理論基石。

顯慶三年（658）李榮與慧立論義事，慧立是大慈恩寺僧，曾參與玄奘譯場，思想深受玄奘唯識影響。在這場論義中，慧立請問李榮「道」爲有知還是無知，因爲李榮立「道生萬物」義，又承認道爲有知，慧立遂據萬物善惡兼呈而証道乃無知，李榮終被逼迫到無言對答的窘境。設或李榮答以道乃無知，則必以無知之道何能感應眾生修習見詰。這個問題以今人眼目視之或許

無聊，但卻是高宗朝道教重玄學的重大理論問題。為了解答這個問題，《海空經》稱道處寂境而有感應，王玄覽也圍繞這個問題反復申述，基本觀點與《海空經》一致，從這兩件事情看，王玄覽思想理論的形成及出現，固然取決於重玄學內在邏輯的歷史發展，但也受到佛教唯識論的影響。

唯識論對形成王玄覽思想理論的影響，很難說是直接的，直接影響王玄覽思想理論的是《海空經》。《海空經》則吸收了唯識宗將思想轉依視為由染而淨的修習過程等思想。由於《海空經》試圖解決的是當時道教的中心議題，所以其經造出末久即具有廣泛的影響，如長期隱居嵩山的道士潘師正答高宗問得道階梯時，既依《本際經》分戒法為有得與無得兩種，又進而引《海空經》說，若上機之人持無得戒而不犯科，則登「十轉位」：

> 一者無憂轉，二淨心轉，三釋滯轉，四道儒轉，五達解轉，六善見轉，七權物轉，八了機轉，九天明轉，十具足轉。〔註161〕

這十轉便是習道者洗滌染滯、得証道果的「淨化」途徑。於此可見《海空經》影響之廣泛。至於王玄覽的《玄珠錄》，不但有相同的由染而淨的思想觀點，那通貫其上下兩卷，都可以看作是《海空經》思想理論的進一步闡發。

總觀王玄覽《玄珠錄》的思想理論，以從理論上解決主體人與道之矛盾為邏輯起點，提出「道在境智中間」的命題，又反復議論道性與眾生性的關係，最終將全部理論歸結到心識的運用上，將修道看作一個心識活動、心性修養的過程，將各種法、各種知見從心中洗滌掉，以明心為解脫。這是《玄珠錄》思想理論的基本輪廓。

王玄覽《玄珠錄》的全部理論所要解決的，是道性與眾生性的關係問題，所反映出的，是思想界在超越有無二論之後尋找新的精神寄托的嘗試，思想的起點則是道與境智的關係問題。作為一個崇尚道家學說的思想家，他接受了時代提出的兩個理論課題：

第一，修持所要體悟的「道」，究竟是自然本體還是最高的宗教智慧；能否找到道與眾生的共同本質，建築起溝通道與眾生的津梁？第二，「道」是有知抑或無知，無知之「道」如何能感應眾生修習，有知之「道」則有煩惱翳障，如何能作為寂本？這兩個課題實際上是兩對矛盾，如何解決這兩對矛盾是王玄覽思想的邏輯起點，調和矛盾走中間路線是王玄覽的思想方法——這也是隋及唐初年徹底否定之後一派調和氣氛的產物。於是，王玄覽確立了這

〔註161〕《道門經法相承次序》，卷上。

樣一個理論大前提：

> 道在境、智中間，是道在有知無知中間。縷推之，自得甚正。〔註162〕

確立這樣一個理論大前提，有三方面的意義：第一，境中亦即現象世界中有道，所以「道無所不在，皆屬道應」，換言之，一切萬物皆有道性，道不是創造萬物的機器，不是現象世界的神秘本原，道與自然本體是包含了差異的同一；第二，道在智中，可以邏輯地推導出境亦在智中的結論，因為道與境相互含納，這是他最終論証萬象虛幻，只在心識作用所必須虛設的邏輯前提；第三，道在境智中間，是連接主客體的樞紐，修行者與道的絕對同一，即所謂「得道」，於是有了依據，修道就是不斷認識主體與客體的和諧一致，所以是一個思想認識過程，這也就是王玄覽修道須取心証的秘密。

道與境的關係，實質上也就是道與物的關係問題，王玄覽為了說明道與物（包括眾生）既非全同，又不是迥異，於是根據《老子》「道可道，非常道」一句，別出心裁地將道析為「可道」與「常道」兩種。他如此創意的目的，顯然在於解決道與物（包括眾生）的關係問題。照王玄覽的分法，「常道」是寂本，是修道的最高境界，「可道」則應物而動，感應眾生修習，但「常道」與「可道」在作為「道」這點上又是一致的，所以王玄覽斷定：眾生修習能入「常道」寂境。但在這個問題上，王玄覽的思想有些不夠精純的地方，他兼雜了道為生成本原和道是自然本體這樣兩種觀點。

一方面，根據中國哲學思想的傳統，習慣於從生成本原上尋找人類理性、人物、情感的來源，王玄覽主張說「道生萬物」。在這點上，道性論與佛性論不同，佛教說佛性為眾生本有，道教則認為眾生有道性是因為眾生從道生。王玄覽首先繼承了道教的看法，這是他的學說的「體」，對佛教的吸收則是「用」，是講清道理需要借鑒的。王玄覽說：「常道本不可，可道則無常。不可生天地，可道生萬物。」但天地乃萬物之總名，所以常道與可道其實不二，「不但可道可，亦是常道可；不但常道常，亦是可道常。皆是相困生，其生無所生；亦是相因滅，其滅無所滅」。常道與可道相因生、相因滅，意謂二者相對待而立名，但作為生物之本，常道與可道是一樣的。正當王玄覽將要夸夸其談的時候，又遇到了這樣一個問題：道既在境→現象世界中，卻又如何能「生」化萬物呢？王玄覽原是不受師門說教限制的，只要遇到非常的問題，他必能作出別出心裁的解答，只要心裡說得過去，事實如何他是從來不管的：

〔註162〕《玄珠錄》，卷上．

> 萬物稟道生。萬物有變異，其道無變異，此則動不乖寂。（原注：如
> 本印字）。以物稟道，故物異道亦異，此則是道之應物（如泥印字）。
> 將印以印泥，泥中無數字，而印字不減（此諭道動不乖寂）。本字雖
> 不減，復能印多泥，多泥中字與本印字同（此諭物動道亦動）。故曰：
> 「既以與人己愈有。」

萬物資稟於道而生成，既可解釋爲道生萬物，道爲萬物之始、之母；又可解釋爲在萬物的生化過程中有道的規範作用存在。本原之道與法則之道在這裡是混然一體的。萬物雖然川流不息，道卻依然是那個道，以印中字喻道，以泥中字喻物，物界雖在不斷地豐富發展，道卻不因之而有所增損，寂然不動的道創造了紛繁復雜的物質世界，而全部世界又只是道之內容的展現。現象世界便成了無象之道的印跡。這個道也便成了柏拉圖理念之類的東西，現象世界只是它的投影，現象世界的秩序也只是道之本質的表象再現。

另一方面，道無所不在，亦即道遍存於物中，道與物便即一不二。王玄覽說：「道能遍物，即物是道。物既生滅，道亦生滅。爲物是可，道皆是物；爲道是常，物皆非常。」從本體的角度講，道物是同一的，此爲可道之道；從動寂的角度講，道物是有差別的，此爲常道之道。如果能將王玄覽的「可道」理解爲特殊規律，將「常道」理解爲宇宙間最一般的規律，王玄覽的議論也許容易說得通。但王玄覽所謂「道」，與我們所說的蘊含在事物運動中的規律，並不盡是一回事。在他看來，「常道」是沖虛之體，而運動總是具體事物的運動，所以常道寂然不動。寂然不動的道體又如何與運動著的事物發生關親呢？王玄覽說：道「沖虛遍物，不盈於物；物得道遍，而不盈於道。道物相依成，一虛一實。」從李榮道體虛無而羅於有象，到王玄覽道物虛實相依成，這個觀念的發展在道教學理上是很重要的，五代時譚峭甚至提出虛實相通的概念，此即其源流。王玄覽所謂道物虛實相依成，無盈與不足，說明道外無物，物外無道。這裡顯然隱伏著這樣的思想：不能將道與物割裂開來、不能將道與物視爲對立面。這樣，包含在物中的眾生，便與道體即二而一，能修習而得道。

道物關係還有第三方面，道有可道常道之分，物亦有無住實性之別。王玄覽說：「物無本住，法合則生；生無本常，法散則滅。實性本眞，無生無滅，即生滅爲可道，本實爲眞常。二物共循環始終，之間無余道。道在始終，與始終爲變通，故道不得常，始終不得斷（名爲入等）。道常順生死而非是生死，

空常順明暗而非是明暗，此二不曾是不曾非，不一不異，而常是非，一異（入等）。」這段話很可玩味。如果我們將王玄覽某些不合常例的術語簡明之，那麼這段話反映了這樣的思想：具體事物都沒有常住之態，與之相應的法則會合了便生成。同樣，既生成之物亦無常態，與之相應的法則消散了便泯滅。這裡的法，是道的別稱，是具體事物變化生滅中潛在的決定因素。因為這個因素是不斷變化的，所以具體事物也總在永不間斷的生滅循環之中。但萬物的本，性卻是真實的，猶金可以作釧，可以作鈴，但作釧作鈴無害其為金之本來的質性。循環生滅擬配於可道，真實質性擬配於常道。萬物無住實性的二重性質，構成了世界有無轉化的循環運動、始終相連的變化過程。而所謂有無，只是這種循環運動的兩個階段，「天下無窮法，莫過有與無。一切有無中，不過生與滅。」有與無的轉化，也就是生與滅的循環過程。道則與之相對應，因為有無始終的轉化是不間斷的，所以道也沒有常態，它作用於循環往復、始終交替的變化過程之中。具體物之生滅，取決於與它相對應的可道之生滅；物之實性無生無滅，取決於常道不生不滅。物之實性與無住，常道與可道，是包含了差異的同一。毫無疑問，王玄覽的這番思想努力，目的在於解決一般與個別的關係問題，他的思想也有很深刻的一面。但他認為抽象一般規定具體個別，又認為實實在在的物取決於虛無寂寥的道。從王玄覽思想的邏輯進程看，可以說是對道教從「重玄」的自然獨化到心性修養、對佛教從性宗到唯識的歷史進程的理論反映。王玄覽思想的邏輯，是在對道書佛經悉遍披討時自然形成的，所以在他對物象作進一步分析的時候，必然地要吸收重玄之道由因緣到獨化以及佛教性宗的一些觀點，將這些觀點綜合起來，便是王玄覽思想體親中的第二命題——「諸法無自性」。

「諸法無自性」的理論，幾乎是成玄英思想的重復，不過成玄英是從莊子的「待待無窮」說到郭象的「自然獨化」，王玄覽則始於佛教所謂「緣起性空」，終於「自然獨化」。另外，王玄覽的理論是自己「悟」出來的，他作些譬喻來講解他的理論，所以通俗易懂。又由於二人最終的思想出路不同，所以這一理論在其思想中的意義也就不同。

所謂「緣起性空」，是說一切物象都待緣，即依它而起，所以不是堅實、自為自在的，世界上根本就沒有常住不壞的實體存在，所以稱之為「性空」。從表面上看，「緣起」與「獨化」似乎是很難相容的兩種觀點，「緣起」略同於莊子所謂「待」，亦即郭象所謂「內不由於己」，但沒有郭象「外不資於道」

的意思。緣起無盡則待待無窮，佛教因之斷定萬物幻化不實，向、郭因之而
謂萬物皆獨立自化，說法雖有不同，但對待現象世界的態度卻是一樣的，無
非都是要將眼前的這個現象世界拋開，於是說一番應該拋開或可以拋開的道
理。也正是在這個意義上，王玄覽得以兼收並蓄，他說：

> 諸法無自性，隨離合變爲相爲性。觀相性中無，雖無我無受，生死
> 者雖無主我，而常爲相性，將金以作釧，將金以作鈴，金無自性故，
> 作釧復作鈴。釧鈴無自性，作花復作像。花像無自性，不作復還金。
> 雖言還不還，所在不離金，何曾得有還？釧鈴相異故，所以有生死。
> 所在不離金，故得爲眞常。

從王玄覽諸如此類的說法看，他吸收佛教「緣起性空」而爲「諸法無自性」
說，又變郭象的獨化理論而說「無主無受」，但他對這兩種超脫現實世界的理
論都不滿意。也許正因爲前人在超脫之後找不到靈魂的依倚物，出現精神上
的虛脫，所以王玄覽要去尋找一個眞常之道。而他采取的議論方法，卻是使
「緣起性空」與「獨化」相互限制。一方面，諸般相性在生死流轉的變化過
程之中，既無主體（我），又無外緣（受），這同於郭象「外不資於道，內不
由於己」的塊然獨化。但另一方面，具體相性的生滅又有待於外在因素的離
合變化等條件，所謂「無受」在這裡就受到限制；進而言之，相性雖無常主，
永在變化之中，但又總是以相性形式存在著，所謂「無主」同樣受到限制。
即以金爲例，釧鈴花像等作爲存在形式，都沒有堅實不變的內在規定，如改
釧作鈴，鈴生而釧滅，鈴復可以作花作像，如此無窮，所以說一切法相都沒
有「自性」。但在相性的生滅變化中，金的基質卻不變。所謂相性無主無受，
有兩層含義：一是相對其基質眞常而言，是就其永在生滅的循環往復過程中
而言。但不管如何，客觀的「道」卻是眞常的，王玄覽認爲，具體法相無自
性，剛好証明了這點。王玄覽又說：「一法無自性，復因內外有。有復無自性，
因一因內外。因又無自性，非一非內外。化生幻滅，自然而爾。」這似乎是
一幅相互連接，相互制約的法相圖景。具體個別的法相之性受制於內因外緣，
王玄覽並不因此認爲內因外緣是個別法相自身所固有的，而看作待它物而
有，所以似有實無，內因外緣又自有其內因外緣。如何看待這個永無止境的
因果鏈條呢？郭象說：「若責其所待，而尋其所由，則尋責無極。率至於無待，
而獨化之理明矣。」〔註163〕王玄覽說：「化生幻滅，自然而爾。」王玄覽的「自

〔註163〕《莊子》，〈齊物論〉注。

然」，有所本於郭象的「獨化」。但王玄覽的「自然」，又不排斥內因外緣的因素，所以王玄覽實際上是將被郭象拋棄的「待待無窮」重新找了回來。這個觀點後來被五代時的張荐明發揮爲「自然因緣」論。王玄覽並不像郭象、成玄英那樣，由獨化說而否定眞實的存在，就算世界是自然地化生幻滅，王玄覽的那個「眞常之道」卻寂然不動。

看來，由明「自然獨化之理」而「苔焉坐忘」或者說「道」是不有不無、可有可無等，都不是最終的出路。忘卻的哲學在超脫現實之後出現的精神虛脫，使王玄覽意識到，要最終超脫還必須向「心」內尋求。

王玄覽思想理論所要解決的核心問題，是道與眾生的關係問題。這個問題最初是由《海空經》提出來的。按《海空經》卷五《問病品》設海空智藏向天尊提出這樣幾個問題：

> 一切眾生煩惱障重，造三惡罪，皆有道性，怎麼又墮入地獄？
>
> 一切眾生既本有道性，怎麼又說」無常苦惱」？
>
> 斷善根者（即佛教「一闡提」），萬物眾生本有的道，性云何不斷？
>
> 道性若斷，如何復云常樂自在？
>
> 一切眾生於事若決定者（眾生性相固定不變），如何得道？
>
> 若人天上道乃至仙道是決定者，亦不應成就天尊；
>
> 如果說一切眾生及人天上道等都非固定不變，那麼天尊亦復不定，
>
> 海空經法不定，已成的眞仙道士不定，已入海空智藏者不定，智藏
>
> 之性不定，於此可見無一乘海空秘密寶藏，如何得入？

這一連串的提問，實際上只說出了一個有意義的矛盾：如果說眾生本有道性，那麼不假修習便已得道，如果說眾生本無道性，眾生性與道性根本對立或不能合同，那麼不管如何修習都不能得道。天尊對這個問題的解答，同提問者一樣地令人費解，如說眾生根性有二種，「一者內根，二者外根，道性之中，非內非外，以是義故，道性之生，不斷不常。」又說眾生根性有「有爲」「無爲」二法，而「道性之中，非有非無，是故道性不常。」復稱眾生根性有眞常無常二種，而「道性之中，亦非有常，亦非無常，以是義故，道性之中，不斷不常。」諸如此類的辯說，難得要領，約略其語意，大概說明眾生斷造性不是截然斷絕，但也不是常有道性，道性眾生性都不是僵固不變的，二者的關係是包含了表象差異的本質同一，眾生性在變動（修習）中顯了道性，

道性應感眾生性之變動而引導之復歸寂本，所以修心是必要的，得道也是可能的。同樣的問題，在《玄珠錄》中被以這樣的方式提出來：如果眾生即是道，那麼不假修習，雖各盡其欲，縱其行，始終不外乎道；如果眾生不是道，那麼眾生修得的便始終是身外道，如說：

> 論云：道性眾生性，皆與自然同，眾生稟道生，眾生是道不？答：眾生稟道生，眾生非是道。何者？以非是道故，所以須修習。難：若眾生非是道，而修得道者，乃得身外道。眾生元不云，何言修得道？（答）：眾生無常性，所以因修而得道；其道無常性，所以感應眾生修。眾生不自名，因道始得名，其道不自名，乃因眾生而得名。若因之始得名，明知道中有眾生，眾生中有道。所以眾生非是道，能修而得道；所以道非是眾生，能應眾生修，是故即道是眾生，即眾生是道。起即一時起，忘即一時忘。

王玄覽對眾生是不是道這個問題，則說眾生是稟受道而生成的，卻又說眾生不是道，眾生須修習才能得道本是要証明的結論，卻被倒過來作為「眾生非是道」的前提，這犯了循環論証的錯誤。不過他接下來的議論還算能自圓其說。根據王玄覽「諸法無自性」的理論，眾生是沒有「常性」的，也就是說眾生並非僵固不化，而是可以改變的，所以能從非道修習成道，至於他又說「道」也沒有常性，能感應眾生修習，則完全是神學家的口吻，如果說還有什麼意義，那就在於他不將天堂推出九霄雲外，而是將它拖到眾生之中，與《海空經》同出一轍。為了將他的理論講得更明白些，王玄覽又從眾生與道這兩個概念上進行分析，說眾生與道是相因應而得名的，「起即一時起」，有眾生即有與之對應的道，反之亦然。因為從「得名」，亦即提出這兩個概念上說，眾生與道是互為因果的，所以說眾生與道相包含，這樣，眾生與道的關係，在王玄覽看來便是即一而二，即二而一。單從思辯上看，王玄覽的議論沒有什麼太大的意思，但如果我們揭開他那些譎詰聱牙的語言，分析他的思想實質，那麼，一方面「率性之謂道」，人性眾生性與「道」的規範並沒有根本上的抵觸；另一方面，又須克盡人欲以合天理。這和程顥的思想基本相同，程顥也曾說：「道即性也。若道外尋性，性外尋道，便不是」，只要「合修治而修治之」，〔註164〕性理學問便算到家了。

　　根據以上分析，可知王玄覽思想的內核是對道體的求証，對修道的強調，

〔註164〕《二程集》，〈端伯傳師說〉。

而其最基本的思維方式和論証方法則取自佛教中道觀。由於他對《道德經》的某些觀念作了新的詮釋，援佛入老，從而使老學披上了一套佛學的外裝，這種融通釋老的作法也是唐代道教老學的總趨勢。與此同時，道教傳統的神仙長生思想在他身上也發生了演變，不再是早期道教所注重的煉形，而是強調煉神，其生命觀不再執著於肉體的永恆，而趨於接近佛教的「無生」，從六道輪迴中解脫。這一點完全和重玄思想一致，甚至在思維方式和論証方法上也和他們十分相似。從這些方面來看，可以說他是繼成、李之後進一步發展「重玄」思想的道教學者。

在中國思想史上，隋唐時期以佛學號稱。佛教各宗的思想特別是佛教哲學給予道教以較大影響，而道教學者也主動吸取消化佛教思想以充實自己，從而提高了道教的理論思辨性。這一點從上述成玄英、李榮、王玄覽的道教思想已然可見；在茅山宗代表思想家司馬承禎、吳筠身上也同樣反映出此種特徵。

初期道教的道性論，對宋儒性理學的影響是非常大的。即以王玄覽和程顥為例，二人對道性與人性眾生性的關係既有相同的看法，修習或修治的原則也一樣，都依靠那顆偉大的「心」來解決問題，而且同樣追求一個無意於心定而心自然靜定的精神境界。王玄覽說：「空見與有見，並在一心中，此心若也無，空有之見當何在？一切諸心數，其義亦如是。是故心生諸法生，心滅諸法滅。若証無心定，無生亦無滅。」見諸物之有則有欲，見諸物之無則無欲，此二見都在心念之中。如果泯除了見空見有的心念，那麼就不存在有物無物、有欲無欲的問題了，不求心態靜定而心態自然靜定。所以說：「法若有所屬，有所而不屬；法若無所屬，無所而不屬。」不以一己之見而存取捨兩道，則無取捨二性，自然也就清虛靜定了。用王玄覽的話說，這就叫：「於中無抑制，任之取自在，是則為正行。」程顥在《答橫渠張子厚先生定性書》中也說：「所謂定者，動亦定，靜亦定，無將迎，無內外。苟以外物為外，牽己而從之，是以己性為有內外也。……是有意於絕外誘，而不知性之無內外也；既以內外為二本，則又烏可遽語定哉？」所以說，人情所蔽，「患在於自私而用智」。在程顥看來，甚至談空說無以及教人廢棄談空說無的禪學也是「強生事」。〔註165〕只要不把這顆心弄得支離破碎，就不受外物誘惑，也無所謂超越現實不超越現實。同樣為了使這顆心完整，王玄覽便徹底否定一切知識和認識。

〔註165〕《二程集》，〈端怕傳題說〉。

　　儒家的傳統是「願以學焉」，學知識或學作賢人、聖人。道家則相反，從老子伊始就崇尚對「道」的直觀體悟而貶損知識，學「道」是學無所學而日損其知見的過程。正因為知見與諸般煩惱有著必然的聯繫，所以說「絕學無憂」；正因為知識的附作用表現在社會生活的每一個角落，所以說「絕聖棄智，民利百倍」。王玄覽繼承的是道家傳統，但他採用的議論方法，則借用於佛教，這表現在兩方面，其一是以滅知見為跳出輪迴途徑，其一是分析知見的發生、置之於矛盾使知見成為不合理的事情。反觀早期重玄派道士宋文明的道性觀點，他認為人性是可以改變的，因為人有心識，應該發揮心識作用，擇善祛惡。王玄覽也認為人性是可以改變的，能改變方能得道，但他的得道，卻是一個滅知見的過程。王玄覽說：「一切眾生欲求道，當滅知見，知見滅盡，乃得道矣。」我們姑且不問他知見滅盡能得個什麼樣的「道」，也還有這樣一個問題：「眾生死滅後，知見自然滅。何假苦勸修，強令滅知見？」當然，這樣的問題是難不住「思窮天縱」的王玄覽的，他又從「諸法無自性」的理論出發，說眾生的生死不是由自己掌握的，而取決於外在緣法的聚散，知見亦因之而由外在的緣法泯除，這樣，在輪迴運轉中，「後身出生時，生時會由他，知見隨生起，所以身被縛，不得道矣。若使身在末滅時，自由滅知見，當至身滅時，知見先以無。至己後生時，自然不受生，無生無知見，是故得解脫。」

　　只要人活著，睜眼也好，閉眼也罷，知見總是有的。如何在活著的時候就將知見滅掉呢？看來通過修習是不行的，於是王玄覽就講出一番道理，他用二律背反式的論辯方法，在知見的發生上作文章。他說：

　　　見若屬於眼，無色處能見；見若屬於色，無眼處能見；見若色復若眼，合時應當有二見；若也見時無二者，明知眼、色不能見；若即於二者，應當有二見；若捨於二者，應當無見．

又說：

　　　將眼對色，則生一見。未審此見當屬何方？若在色方，不假於眼；若在眼方，何假於色。若在兩方則成二見，而見實非二。若見是一，色、眼則不用，未審此見因何而生（此乃接物）。人等觀之，是名循環，循環則無窮盡。

如果以「眼色共成一見」的事實作為邏輯前提，王玄覽在這裡碰到的所有問題便都可以迎刃而解了。但由於王玄覽論辯的最終目的，乃在於否定知見的合理性，所以知見如何發生的問題，便在這種二律背反式的循環否定之下永

遠得不到解答。王玄覽非常武斷地說，知見要麼發生於眼，要麼發生於色，要麼發生於眼色雙方而成二見，要不發生於眼也不發生於色而無一見，這四種選言判斷與眼色共成一見的事實都是不相容的。這樣，在眼色共成一見的事實背後無至理可尋，因而事實也就成了沒有存在依據的不合理假象。從論辯方法上說，不管王玄覽是為自己設下的還是為別人設下的，反正是一個邏輯圈套，知見發生的四種選言判斷是由兩對相互否定的命題構成的，這是一種不產生任何結論的循環否定。王玄覽自己也明白以他的論辯方式（「人等觀之」）談論知見問題，便循環無窮，他滅除知見的目的也就達到了。

比知見高一層次的知識，也在同樣的思想面前遭受到同樣的厄運。王玄覽說：「十方所有物，並是一識知。是故十方知，並在一識內。其識若也出，身中復無知；其識若不出，十方復無知。」要麼主體無識，要麼客體無識，識在主體與識在客體是相互排斥的，而知識在事實上又必須是主客體的統一，「心中本無知，對境生知」，這種統一本是矛盾的統一，而王玄覽卻使矛盾雙方相互攻擊，於是以客體之知識否定主體之知識，又以主體之知識否定客體之知識。一如前述，這是不產生任何結論的循環否定。

進一步，王玄覽又將一切法相，一切現象都歸之於心識的虛幻。他說：「眼搖見物搖，其實物不搖；眼靜見物靜，其實物不靜。為有二眼故，見物有動靜。二眼既也無，動靜亦不有。」這與惠能答二僧辯風動幡動曰「仁者心動」頗似。「諸法無自性」中所說的種種變化，連同諸般法相一起歸結到「我」身上，「法本由人起，法本由人滅，起滅自由人，法本無起滅」，既然一切法、一切相都是由人決定的，所以王玄覽又說：「一切所有法，不過見與知。若於見知外，更無有餘法。既有知見，知見何法？只將我知知我見，還將我見見我知。」修道是一個思想認識過程，而認識又只是空無自我知見，於是，道物之生以及同異等等，都成了虛無飄渺的幻影，如說：「道物一時生，物生始見道。將見見道物，道物逐見生。元來無有見，道物何嘗生。」說來說去，卻原來道和物都生於知見，而所謂知見又是沒有理據的幻象，於是物和道一齊從「心」裡被擠出去，這就是王玄覽所要尋求的解脫：「避苦欲求樂，所以教遣修。修之既也証，離修復離教，所在皆解脫，假號為冥真」。根據王太霄對王玄覽思想理論的理解，識諸法皆假是其最根本原則，所以王太霄在編輯《玄珠錄》時，將這樣一段話放在卷首：

　　十方諸法，並可言得。所言諸法，並是虛妄。其不言之法，亦對此

　　妄。言法既妄，不言亦妄。此等既並是妄，何處是眞？即妄等之法，
　　並悉是眞。此等既悉是眞，前者何故言妄？爲起言故，所以説眞。
　　何故起言，欲達彼耳故。彼何須聽？欲通心故。何故通心，令得道
　　故。

說法者和聽說法者要假借諸法以心傳心（通心），得其心傳者則斷除知見，斷
除知見是名解脫，得解脫者則心性空明，是曰「無心」：「心心知法，法處無
心。法被心知，心處無法。二除既無增減，故知無觀無法。無法則心不生知，
無心則諸妄不起。一切各定，無復相須而因待者。」心定於無因無待的境界，
這是王玄覽對重玄的新理解，即所謂「因濫玄入重玄，此出眾妙之門。」

　　王玄覽在四方講說時，有一條基本的理論綱領，他自己稱作「四句」：
　　大道師玄寂。其有息心者，此處名爲寂；其有不息者，此處名非寂。
　　明知一處中，有寂有不寂。其有起心者，是寂是不寂；其有不起者，
　　無寂無不寂。

成玄英疏《莊子》時，好援用佛教《中論》四句，即「諸法不自生，亦不從
他生，不共不無因，是故知無生。」這四句用於道體論上的自然獨化說，頗
有概括力。至王玄覽時，道教總結出了自己的四句口訣，和王玄覽同時或稍
後，這類口訣式的道經如《清靜經》等相繼出現，試圖對重玄學說作出簡捷
的綜括，根據王玄覽的「四句」，「息心者」只能說入寂境，就是「玄寂」的
境界，這是王玄覽爲重玄學找到的最後歸宿．其所謂「四句」，則是對《玄珠
錄》思想理論的最終概括。

第四章　玄宗的全盛期

　　唐玄宗對於道教學術提倡尤力，最著名的工作包括開元二十九年（741）正月十五日於玄元皇帝廟設置官方學校名為崇玄學，並且傳授《道德經》、《莊子》、《文子》、《列子》。習成後並且比照科舉明經取士，此即唐代特有的「道舉」。〔註1〕

　　天寶元年（742）五月有兩京及諸郡崇玄學生等習《道德》、《南華》、《通玄》、《沖虛》等經。〔註2〕並且校定抄寫送各地崇玄學。可見此時努力推展知識份子閱讀道教典籍的意義，而學校命名崇玄學，實際上已經將老子思想作為學校教育的基本精神。

　　道舉的舉行時段，根據《唐會要》的紀錄，從開元二十九年開始到寶應三年〔註3〕停止，崇玄學則到了武宗時代還有相關活動紀錄。〔註4〕

　　在玄宗努力要求全國學生學習道教經典時，玄宗本身也開始進行道教典籍的注疏工作，最著名的就是以皇帝周圍的重要道士幕僚主編《唐玄宗御注道德經》與《道德經疏》。

　　崇玄學的設立，有專任的博士助教一員，重玄生百員。依照國子監的慣例由官方提供資助。重玄生可充當兩京祠享祭祀之額。到了天寶二年二月，

〔註1〕　《唐會要》，卷七七，頁1404。
〔註2〕　《唐會要》，卷七七，頁1404。此處有關《莊子》改名《南華真經》、《文子》改名《通玄真經》、《列子》改名《沖虛真經》、《庚桑子》為《洞靈真經》為天寶元年二月的皇帝制書。
〔註3〕　寶應為肅宗年號，只有一年（762），唐會要此段記載寶應三年，恐怕有誤，待考。
〔註4〕　《唐會要》，卷七七，頁1404。

又將兩京崇玄學、道院管理納入崇玄學〔註5〕大學士都檢校。〔註6〕

玄宗朝一樣也實施三教論壇，《宋高僧傳》中有記錄一次，因爲韋玎提議，玄宗召集三教代表各百人聚集討論，其中儒家代表爲韋玎，道教代表爲葉靜能，佛教爲思明、利涉。〔註7〕可見得相關的宮廷講論規模還是相當可觀的。

唐玄宗對於宗教的提振爲歷任皇帝之冠，對於高道的招請，例如吳筠、司馬承禎、張果、葉法善等等都非常有名。其中吳筠、葉法善、司馬承禎都是玄宗朝三教論壇的重要代表人物。

第一節　司馬承禎

司馬承禎（647～735），〔註8〕字子微，法號道隱，河內溫人（今河南溫縣），。唐人崔尙《唐天臺山新桐柏觀頌並序》稱其爲「晉宣帝弟太常馗之後裔」。祖晟，侍隋爲親侍大都督；父仁最，唐朝散大夫、襄滑二州長史，「名賢之家，奕代清德」。〔註9〕少好學，薄於爲吏，年二十一，遂爲道士。此後，承禎浪游名山，止於天臺山不出，構層軒於壇上，目爲「眾妙台」，自號白雲子。武則天聞其名，召至都，降手詔以贊美之。及將還，敕李嶠餞別錢於洛橋之東。與陳子昂、盧藏用、宋之問、王適、畢構、李白、孟浩然、王維、賀知章爲「仙宗十友」。〔註10〕

> 睿宗雅尚道教，稍加尊異，承禎方赴召。睿宗嘗問陰陽術數之事，承禎對曰：「《經》云：『損之又損之，以至於無爲。』且心目一覽，知每損之尚未能已，豈復攻乎異端而增智慮哉！」睿宗曰：「理身無爲，則清高矣；理國無爲，如之何？」對曰：「國猶身也，《老子》曰：『游心於澹，合氣於漠，順物自然，而無私焉，而天下理。』《易》曰：『聖人者，與天地合其德。』是知天不言而信，不爲而成。無爲之旨，理國之要也。」睿宗深加賞異。無何，苦辭歸，乃賜寶琴，花帔以遣之。工部侍郎李適之賦詩以贈焉。當時文士，無不屬和。散騎常侍徐彥伯

〔註5〕　疑爲崇玄館大學士，《唐會要》原文如此。
〔註6〕　《唐會要》，卷五十，頁866～867。
〔註7〕　《宋高僧傳‧利涉傳》，上冊，卷十七，頁420。
〔註8〕　參見卿希泰主編，《中國道教》，第一卷，頁269。
〔註9〕　《全唐文》，卷304，第4冊第3089頁。
〔註10〕　參見《眞系》，；《續仙傳》卷下。

撮其美者三十一首，爲制序，名曰《白雲記》，見傳於代。〔註11〕

時盧藏用早隱於終南山，後登朝居要官，見承禎將還天臺，藏用指終南山對他說：「此中大有佳處，何必天臺？」承禎答覆說：「以僕觀之，乃仕宦之捷徑爾！」藏用有慚色。〔註12〕

開元九年（721年），玄宗又遣使迎入京，親受法籙，前後賞賜甚厚。十年（722年），駕還西都，承禎又請還天臺山，玄宗賦詩以遣之。十五年（727年），又召至都。玄宗令承禎於王屋山自選形勝，置壇室以居焉。承禎因上言：『今五岳神祠，皆是山林之神，非正眞之神也。五岳皆有洞府，各有上清眞人降任其職，山川風雨，陰陽氣序，是所理焉。冠冕章服，佐從神仙，皆有名數。請別立齋祠之所』。玄宗從其言，因敕五岳各置眞君祠一所，其形象制度，皆令承禎推按道經，創意爲之。承禎頗善篆隸書，玄宗令以三體寫《老子經》，因刊正文句，定著五千三百八十言爲眞本以奏上之。以承禎王屋所居爲陽台觀，上自題額，遣使送之。賜絹三百匹，以充藥餌之用。俄又令玉眞公主及光祿卿至其所居修金籙齋，復加以賜資。」〔註13〕

「至二十三年（735年）告化，時八十九。制贈銀青光祿大夫，謚曰貞一先生，又御制碑文。〔註14〕

司馬承禎的主要著作有《坐忘論》1卷，《天隱子》8篇，《修眞秘旨》12篇，《修身養氣訣》1卷，《服氣精義論》1卷，《修眞秘旨事目歷》1卷，《上清天地宮府圖經》2卷，《上清含象劍鑒圖》1卷，《修眞精義雜論》1卷，《靈寶五岳名山朝儀經》1卷，《登眞系》，《來服松葉等法》1卷，《茅山貞白先生碑陰記》，《素琴傳》1卷，《上清侍帝晨桐柏眞人眞圖贊》1卷，《太上昇玄經注》，《太上昇玄消災護命妙經頌》1卷。〔註15〕關於重玄思想的代表作爲《坐忘論》和《天隱子》。

司馬承禎的史傳資料，除了《兩唐書》之外，在道教仙傳中也流傳有不

〔註11〕《大唐新語》卷10，中華書局1984年版，第158頁。

〔註12〕《歷世眞仙體道通鑒》，卷25。

〔註13〕引《舊唐書·司馬承禎傳》，第16冊，第5128頁。

〔註14〕《全唐文》，卷7122，李渤，《王屋山貞一司馬先生傳》，第7318頁。

〔註15〕參見《全唐文》卷924，《崇文總目》卷9·《直齋書錄解題》卷12。《續仙傳》卷下，《茅山志》卷22，《通志·藝文略》，《全唐詩》卷875，《正統道藏》第8冊、38冊等所載。

少作品，金石材料中比較重要的作品有《貞一先生廟謁》及《桐柏觀碑》，其他道教史傳則收錄於宋代《雲笈七籤》及元代《歷世真仙體道通鑑》中，另外於《宋元地方志》中也存有相關傳記。這些作品中，以前二文成書於唐代司馬承禎的弟子，最具有代表性。〔註16〕

　　司馬承禎與帝王有密切的關係，仍不以金丹術為主，這些方術不是茅山上清派的特長。但關於道士書法上的專長，在陳寅恪先生作品中曾提到道教人士多擅長書法，並列引南朝許多世家做為代表，因為上清系統與符籙的關係，所以書法特別受到重視，而道教書寫符籙又須非常專注，故能夠成就其藝術上的特長，所以上清派祖師陶弘景就以書法聞名於世。〔註17〕但本段後敘及充藥餌之用，則此處所指應與醫藥養生部份較有關聯，且其師門本以服餌著名，司馬承禎師承此一傳統，當然也在山居生活中以此為務。

　　得道法者，道教人士多認定應為司馬承禎與韋景昭，因兩人皆為出家道士，所傳承道家學養及完整的戒律修行與教團儀軌，二人皆為當代道教國師之極致，但又與另一位唐代著名道士葉法善以數術神異稱名當代的風格不同。但就其所學，司馬承禎與吳筠更充份溶入中國古代的傳統道家典籍觀點，如《老子》、《莊子》等代表作品，帝王問對也都實質上以這些典籍主旨為主題出發。與其師潘師正在道教理論上已經有所不同，潘師正少年時代曾熟習五千言，但不以此學為主，王遠知的興趣多非重玄教理上的探索，而重在整合修養息氣功夫，司馬承禎在老師學養之外，獲得更大的開展（其目的是在重新建立道教之學理，將莊學引入老學，以與佛教成熟的學理能夠相互抗衡）。《貞一先生廟謁》：

> 年二十一，始服斤褐入道，師體玄先生，先生中岳之隱几者也。……
> 體玄乃洗然異之，他日，以金根上經、三洞秘錄、許真行事、陶公
> 微旨，盡授於我尊師。……尊師是以務弘道不滯其用，方善救不寧
> 其居，入覲聖上，……開元二十年，……乃徵尊師入內殿，受上清
> 經法，仍於王屋山置陽臺觀以居之。〔註18〕

此處對於司馬承禎的道教學術傳承主旨交代較為清楚，所以清楚解釋其入世

〔註16〕 參見《舊唐書》，（新注標點本），第八冊，頁5127～5128。

〔註17〕 在道藏本傳中有紀錄陶弘景「四五歲便好書，今（元代）猶有六歲時書，已方幅成就。」

〔註18〕 參見《道家金石略》，〈貞一先生廟謁〉，頁120～122。司馬承禎字子微，此一說法可能應改為司馬承禎為出家時名為承禎，出家後名為子微。語見「廟謁」一文之附註說明。

的原因所在，他與老師的態度極爲不同，主動接觸皇帝，爲皇帝授上清經法，這些都不是他的老師所曾努力的工作（與王遠知、陶弘景較爲接近），但事實上雖然入世態度頗深，但大部份生活仍在山中度過（此與重玄思想的以入世方能悟道，即以佛家語所言「佛法不離世間覺」的旨趣相同），藉入世應化顯出世的心性功夫，以用於時作爲本身學養的發揮。所以不能看做一位貪戀富貴的人士。就《兩唐書》而言，《舊唐書》在事跡交待上比《新唐書》明確許多，對於其主要道學思想而言，亦是《舊唐書》較爲完整，當然道教本身傳記就很明顯指出其學養根基，他對道教學術最大的成就是提出了坐忘修煉的方向，代表作品就是《坐忘論》，此書的修煉方式完全擺脫傳統丹鼎派的包袱，以自身具足道法而向內追求即可成道的重要理論。

一、《坐忘論》思想

司馬承禎的《坐忘論》是講道教修煉方法的重要作品。其中涉及許多道教理論課題，反映了當時的理論發展方向。全書分爲「敬信」、「斷緣」、「收心」、「簡事」、「眞觀」、「泰定」、「得道」七部份，以此建立道士修道的七個重要步驟，集中講「坐忘收心」、「主靜去欲」的傳統道教練養問題。此法與佛教禪坐止觀工夫頗有異曲同工之妙。

第一，「敬信」：「信者，道之根，敬者，德之蒂。根深則道可長，蒂固則德可茂。」〔註19〕修道者首先必須「虔誠地信仰」，對所修不疑惑，如果「信道之心不足，乃有不信之禍及之，何道之可望乎？」〔註20〕只有堅信不惑，才能得道，「如人聞坐忘之言，信是修道之要，敬仰尊重，決定無疑者，加之勤行，得道必矣！」〔註21〕這是說「誠則信，信則靈」，故修道的首要功夫是「敬信」。

第二，「斷緣」：所謂斷緣，即是要斬斷塵緣，不爲俗累，進入《老子》所說：「塞其兌，閉其門，終身不勤」的境界。他說：「斷緣者，斷有爲俗事之緣也。棄事，則形不勞，無爲，則心自安。恬簡日就，塵累日薄，跡彌遠俗，心彌近道，至聖至神，孰不由此乎？」〔註22〕

第三，「收心」：心爲「一身之主，百神之帥。靜則生慧，動則成昏。」

〔註19〕 司馬承禎，《坐忘論》。
〔註20〕 司馬承禎，《坐忘論》。
〔註21〕 司馬承禎，《坐忘論》。
〔註22〕 司馬承禎，《坐忘論》。

因此「學道之初，要須安坐，收心離境，住無所有。因住無所有，不著一物，自入虛無，心乃合道。」〔註23〕所謂「安坐」，大約與佛教禪學的坐禪接近，安坐的主要目的是「收心離境，住無所有」。境由心生，境由心造，只有收心，使心一無所染，一無所有，才能脫離塵俗之境，入於虛無幻境，這樣心與道便合而為一。修道便是要不斷地除淨那顆被染的凡塵之心，向「靜」、向「虛無」的心體回歸。所以說：「至道之中，寂無所有，神用無方，心體亦然。原其心體，以道為本，但為心神被染，蒙蔽漸深，流浪日久，遂與道隔。若淨除心垢，開識神本，名曰修道；無復流浪，與道冥合，安在道中，名曰歸根；守根不離，名曰靜定。靜定日久，病消命復；復而又續，自得知常。知則無所不明，常則無所變滅，出離生死，實由於此。是故法道安心，貴無所著。」〔註24〕解脫生死，獲得神仙長生之道就在於「法道安心」。安心的具體功夫是使心「不動」、「不著」。他先引《道德經》「夫物芸芸，各歸其根。歸根曰靜，靜曰復命。復命曰常，知常曰明」作為其理論依據，然後指出：「若執心住空，還是有所，非謂無所。凡住有所，則令心勞，既不合理，又反成病。但心不著物，又得不動，此是真定正基。用此為定，心氣調和，久益輕爽，以此為驗，則邪正可知矣！」〔註25〕如果把「心」落於佛教研謂「空」上，那麼還是有所執著，仍有心勞成病之嫌，達不到收心坐忘的目的。只有做到不動心，心不執看任何一物，「住無所有」，才能通於大道。（此與《金剛經》「應無所住而生其心」有異曲同工之義）

在坐忘修心的過程中應避免四種偏差：

一是「心起皆滅，不簡是非，則永斷覺知，入於盲定」。

二是「任心所起，一無收制，則與凡夫元來不別。」

三是「唯斷善惡，心無指歸，肆意浮游，待自定者，徒自誤耳。」

四是「遍行諸事，言心無所染者，於言甚善，於行極非」。〔註26〕

心起皆滅、永斷覺知的「盲定」和任心所起，一無收制的「凡夫」二之心，是各走一個極端，都不能做到定心。而讓心「自定」只會「自誤」；無所不行卻又詭稱「心無所染」者，不過是說得好聽罷了，實際上根本行不通。怎樣克服這

〔註23〕 司馬承禎，《坐忘論》。
〔註24〕 司馬承禎，《坐忘論》。
〔註25〕 司馬承禎，《坐忘論》。
〔註26〕 司馬承禎，《坐忘論》。

些偏差呢？他認為：「今則息亂而不滅照，守靜而不著空，行之有常，自得眞見。如有時事或法要有疑者，且任思量，令事得濟，所疑復悟，此亦生慧正根。悟已則止，必莫有思，思則以智害恬，爲子傷本，雖騁一時之俊，終虧萬代之業。若煩邪亂想，隨覺則除，若聞毀譽之名、善惡等事，皆即撥去，莫將心受。受之則心滿，心滿則道無所居。所有聞見如不聞見，即是非善惡不入於心。心不受外名曰虛心，心不逐外名曰安心。心安而虛，道自來居。」〔註27〕心既不受外物所染，又不追逐外物，靜如止水，自然充滿了「道」。他特別從「動」、「靜」這對範疇去講收心，最終落實於「靜」。他說：「心法如眼也，纖毫入眼，眼則不安。小事關心，心必動亂。既有動病，難入定門。是故修道之要，急在除病，病若不除，終難得定。」〔註28〕修道之要就是克服「動病」，否則難於入定。人心總易「依境，未慣獨立。乍無所托，難以自安。縱得暫安，還復散亂。」對此只有「隨起隨制，務令不動」，這樣「久久調熟，自得安閑。無問晝夜行住坐臥及應事之時，常須作意安之。若心得定，即須安養上莫有惱觸，少得定分，即堪自樂。漸漸馴狎，惟益清遠。」〔註29〕由動心到靜心是個漸進的過程，非一日之功，需要隨時作意安之，久而久之自然轉動爲靜。有人說：「夫爲大道者，在物而心不染，處動而神不亂，無事而不爲，無時而不寂。今獨避事而取安，離動而求定，勞於控制，乃有動靜二心滯於住守，是成取捨兩病，都未覺其外執，而謂道之階要，何其謬邪？」司馬承禎答復說：「總物而稱大，通物之謂道，在物而不染，處事而不亂，其爲大矣，實爲妙矣。……神凝至聖，積習而成」。〔註30〕進一步闡明由動而靜得道的過程需要長期的積累，換言之，須經刻苦修煉，「積習而成」，非一蹴而就。這裡，他朦朧地覺察到事物是由量變到質變。總之，在動靜與收心的關係上，他的結論是：「靜則生慧，動則成昏」，〔註31〕「心爲道之器宇，虛靜至極，則道居而慧生。」〔註32〕從「心」的角度去講修道成仙，這在當時道教界較爲流行。如《無上秘要》卷四二引《洞眞太上隱書經》云：「夫仙者心學，心誠則成仙」。〔註33〕《大道論・心行章》：「修道即修

〔註27〕司馬承禎，《坐忘論》。

〔註28〕司馬承禎，《坐忘論》。

〔註29〕司馬承禎，《坐忘論》。

〔註30〕司馬承禎，《坐忘論》。

〔註31〕司馬承禎，《坐忘論》。

〔註32〕司馬承禎，《坐忘論》。

〔註33〕司馬承禎，《坐忘論》。

心也」，「修心即修道也。心不可息，念道以息之；心不可見，困道以明之。善惡二趣，一切世法，因心而滅，因心而生。習道之士，滅心則契道」。〔註34〕《三論元旨‧虛妄章》說：「虛妄之法，安然而坐，都過外景，內靜觀心，澄彼紛葩，歸乎寂泊。若心想剛躁浮游，攝而不住者，即須放心達觀四極之境。……如於一中覺有差起動念之心，即須澄滅，隨動隨滅，至於無動無滅境。」〔註35〕這些思想正是司馬承禎理論的淵源，司馬承禎對此作了更高層次的理論總結。

他的「心」說也吸取了佛教的理論成果。如《業報因緣經》卷四《持齋品》把極道分為「忘心」和「滅心」兩門，其所講心齋坐忘或忘心滅心即是以心的靜定來達到「悟」之目的，並同佛教的坐禪、觀法等結合起來，成為司馬承禎借鑒的理論原料之一。他所謂「定」、「慧」等概念也取自佛教。

總的看來，他的「收心」關鍵在於「主靜」，這是他不厭其煩加以闡說的，也是他對佛道二教這一思想的理論總結。「主靜」之說對後來宋代理學家影響極大，周敦頤《太極圖說》「無欲故靜」的「主靜」說，朱熹「懲忿窒欲」的「居敬」說，程顥教人「定性」的主張等，都在不同程度上受其影響。

第四，「簡事」：要求修道之人處事安閑，應物而不為物累。人生必「嘗於事物」，而「事物稱萬，不獨委於一人」，因此當「外求諸物，內明諸己。知生之有分，不務分之所無，識事之有當，不任事之非當。任非當則份於智力，務過分則弊於形神。身且不安，何能及道？是以修道之人，莫若斷簡事物，知其閑要，較量輕重，識其去取。非要非重，皆應絕之」。〔註36〕他舉例說，酒肉、羅綺、名位、財產，這些都是「情欲之餘好，非益生之良藥」，眾生執著，「自致亡敗」，不亦迷乎！他引《莊子》「達生之情者，不務生之所無以為」，進一步闡發說：「生之所無以為者，分外物也。蔬食弊衣，足養性命，豈待酒肉、羅綺然後生全哉！是故於生無所要用者，並須去之，於生之用有條者，亦須捨之。財有害氣，積則傷人，雖少猶累，而況多乎？……夫以名位比道德，則名位假而賤，道德真而貴。能知貴賤，應須去取，不以名害身，不以位易志」。〔註37〕可見，「簡事」是對坐忘收心後言行處世實踐上的進一步保證。

第五，「真觀」：所謂真觀，就是「智士之先鑒，能人之善察，究儻來之禍

〔註34〕 司馬承禎，《正統道藏》。
〔註35〕 司馬承禎，《坐忘論》。
〔註36〕 司馬承禎，《坐忘論》。
〔註37〕 司馬承禎，《坐忘論》。

福，詳動靜之吉凶。得見機前，困之造適；深祈衛足，竊務全生。自始至末，行無遺累」。〔註38〕怎樣才能作到眞觀呢？他認爲，一餐一寢，都可爲損益之源，一言一行，堪成禍福之本，與其作巧持其末，不如拙戒守期本。「觀本知末，又非躁竟之値，是故收心簡事，日損有爲，體靜心閑，方可觀妙。」這就是說，上面所講收心簡事是眞觀的前提，只有通過收心簡事功夫才能作到眞觀。他說，修道之身必資衣食，人事衣食就像是修虛的「船舫」，欲渡海須借助於艎舫，渡海後理當不留，因何未渡先廢舍船舫呢？衣食虛幻，實不足營，爲出離虛幻，所以才求衣食。因此雖有營求之事，但莫生得失之心，不論有事無事，心常安泰，與物同求而不同貪，與物同得而不同積。不貪所以無憂，不積所以無失，跡每同人，心常異俗。〔註39〕這是對簡事的進一步申說，因爲「前雖斷簡」，但病有難除者，故當「依法觀之」。此中可見到因解識而行解的修行過程。

　　他又談到「色」與「想」即客體與主體的關係，認爲「色都由想爾，想若不生，終無色事。當知色想外空，色心內妄，妄想心空，誰爲色主。經云『色者想爾，想悉是空，何有色也』」。〔註40〕主體決定客體，外境由心生，心空自然色空，這是典型的主觀唯心主義學說。關於「業」與「命」，他認爲「業由我造，命由天賦。業之與命，猶影響之逐形聲，既不可逃，又不可怨，唯有智者善而達之，樂天知命，故不慢」。〔註41〕「業」是佛教概念，「命」爲傳統的儒家思想，他將二者結合，推出新的說法。於此也可見其思想中道儒釋三教的因子皆有。

　　第六，「泰定」：其內蘊是：「無心於定，而無所不定」。「定」在修道的階梯中處於「出俗之極地，致道之初基，習靜之成功，持安之畢事」，〔註42〕這是即將進入「得道」的境界。他解釋《莊子》所謂「宇泰定者，發乎天光」說：「宇則心也，天光則發慧也」，慧出於人的本性，所以稱之爲天光，但因爲「貪愛濁亂，遂至昏迷」。如果能夠復歸純靜，作到泰定，那麼「本眞神識，稍稍自明」，進而生慧。慧既生，便應「寶而懷之，勿以多知而傷於定。」他認爲，生慧並不難，難在「慧而不用」。自古忘形者眾，忘名者寡，慧而不用即是要「忘名」，天下希及之，所以說難。若能做到「定而不動，慧而不用」，

〔註38〕司馬承禎，《坐忘論》。
〔註39〕司馬承禎，《坐忘論》。
〔註40〕司馬承禎，《坐忘論》。
〔註41〕司馬承禎，《坐忘論》。
〔註42〕司馬承禎，《坐忘論》。

那就算「深証眞常」之道。所謂「慧而不用」亦即老子說的「大智若愚」；要人們對智慧來取「無爲」的態度，這樣才能「無不爲」。他進一步闡釋說：慧能知道，但非得道。人知得慧之利，未知得道之益。因慧以明至理，縱辯以感物情，興心徇事，觸類而長，自稱處動而常寂等等都非泰定。《莊子》云：古之治道者，以恬養智，智生而無以智爲也，謂之以智養恬。智與恬交相養而和理由其性。恬智即是定慧，和理即是道德，有智不用而安其恬靜，積而久之，自成道德。〔註43〕恬靜與智慧是種互相培養而成的辯証關係，恬養智，智反過來又養恬，久之而產生「和理」。莊子所謂「恬沓」，他解釋爲「定慧」，「和理」解釋爲「道德」，有了定慧的功夫，久之自然得道。

司馬承禎這套定、慧雙修的方法論與佛教天臺宗智者大師「止觀」學說相當類似。智顗說：「泥垣〔註44〕之法，入乃多途，論其急要，不出止觀二法。所以然者，止乃伏結之初門，觀是斷惑之正要。止則愛養心識之善資，觀則策發神解之妙術。止是禪定之勝因，觀是智慧之由籍。若人成就定慧二法，斯乃自利利人，法皆具足。」〔註45〕「三止三觀，在一念心。」〔註46〕「若行者如是修習止觀時，能了知一切堵法，皆由心生。」〔註47〕這些思想對司馬氏可相互印證。

第七，「得道」：「道」是什麼？「道者，神異之物，靈而有性，虛而無象，隨迎不測，影響莫求。不知所以然而然，通生無匱，謂之道。」〔註48〕得道者形神統一，修成長生不老的「眞身」。所謂：「道有深力，徐易形神。形隨道通，與神合一，謂之神人。神性虛融，體無變滅，形與道同，故無生死。隱則形同於神，顯則神同於氣，所以蹈水火而無害，對日月而無影，存亡在己，出入無間」。〔註49〕他引《生神經》証其說：「身神並一，則爲眞身」，又引《西升經》云：「形神合同，故能長久」。可見他追求的是形神永恆統一，這是坐忘的目的。爲了形神的永恆統一，應避免勞心。他說：「虛無之道，力有淺深。深則兼被於形，淺則唯及於心。被形者神人也，及心者但得慧覺而身不免謝。何耶？慧是

〔註43〕 司馬承禎，《坐忘論》。
〔註44〕　此爲「涅槃」的另一譯法。
〔註45〕 《修習止觀坐禪法要》，（收錄於《大正藏》，第46卷），第462頁。
〔註46〕 《摩訶止觀》卷9下，（收錄於《大正藏》，第46卷）。第131頁。
〔註47〕 《修習止觀坐禪法要》，第472頁。
〔註48〕 司馬承禎，《坐忘論》。
〔註49〕 司馬承禎，《坐忘論》。

心用，用多則心勞。初得少慧，悅而多辯，神氣漏泄，無靈潤身光，遂致早終，道故難備。經云屍解，此之渭也。是故大人含光藏輝，以期全備，凝神保氣，學道無心，神與道合，謂之得道。」〔註50〕得道的標志就是形神道合一，「人懷道，形骸以之永固」；就是「煉形入微，與道冥一，散一身爲萬法，混萬法爲一身。智照無邊，形超靡極」；就是《西升經》所說「以與天同心而無知，與道同身而無體」，「神不出身，與道同久。」〔註51〕

　　在上述修道的七個階次之後，司馬承禎又附以「樞翼」，提綱挈領地綜述其「坐忘」思想的主旨。他指出：如心歸至道，深生信慕，須先受三戒，依戒修行，自始至終，可得眞道。這三戒是：「簡緣」、「無欲」和「靜心」。能勤行此三戒而無懈退者，則無心求道而道自來。他又告誡人們修道的具體方法：「夫欲修道成眞，先去邪僻之行，外事都絕，無以干心，然後端坐，內觀正覺。覺一念起即須除滅，隨起隨制，務令安靜。其次，雖非的有貪著，浮游亂想，亦盡滅除。晝夜勤行，須臾不替。唯滅動心不滅照心，但冥虛心不冥有心，不依一物而心常住。」〔註52〕「有事無事，常若無心；處靜處喧，其志唯一。若束心太急，急則成病，氣發狂痴，是其候也。心若不動，又須放任，寬急得中，常自調適。制而無著，放而不逸，處喧無惡，涉事無惱者，此眞定也。不以涉事無惱故求多事，不以處喧無動故來就喧。以無事爲眞定，以有事爲應跡，若水鏡之爲鑒，則遇物而見形。」〔註53〕具體怎樣處理定慧呢？他教人說：「善巧方便，唯能入定發慧，遲速則不由人。勿於定中急急求慧，求慧則傷定，傷定則無慧。定不求慧而慧自生，此眞慧也。慧而不用，實智若愚，益資定慧，雙美無極。若定中念想則有多感，眾邪百冠，隨心應規，眞人老君，神異詭怪，是其祥也。唯定心之上，豁然無復，定心之下，曠然無基，舊業永消，新業不造，無所纏礙，回脫塵網，行而久之，自然得道」。〔註54〕

　　他認爲得道之人心有「五時」，身有「七候」。所謂五時指：

　　動多靜少；

　　動靜相半；

　　靜多動少；

〔註50〕　司馬承禎，《坐忘論》。
〔註51〕　司馬承禎，《坐忘論》。
〔註52〕　司馬承禎，《坐忘論》。
〔註53〕　司馬承禎，《坐忘論》。
〔註54〕　司馬承禎，《坐忘論》。

> 無事則靜，事觸還動；
>
> 心與道合，觸而不動。

心到達這一境界，「始得安樂，罪垢滅盡，無復煩惱。」所謂七候指：

> 舉動順時，容色和悅；
>
> 夙疾普消，身心輕爽；
>
> 塡補夭傷，還元復命；
>
> 延數千歲，名曰仙人；
>
> 煉形爲氣，名曰眞人；
>
> 煉氣成神，名曰神人；
>
> 煉神合道，名曰至人。〔註55〕

凡無此五時七候者，都算不上得道。

　　以上爲《坐忘論》的大體內容。總而觀之，作者是要修道之人無物無我，一念不生，內不覺其一身，外不知其宇宙，與道冥一，萬慮皆遺，獲得長生久視之道。坐忘一說，初見於《莊子·大宗師》。這是種精神修煉，是要超越自我，使物我兩忘，進入與道契合的境界。到魏晉時代，玄學家解《莊》進一步發展了此說。如郭象說：「夫坐忘者，奚所不忘哉！既忘其跡，又忘其所以跡者，內不覺其一身，外不識有天地，然後曠然與變化爲體，而無不通也」。〔註56〕以後這些思想爲道教所發揮。如《道教義樞》卷二引《洞神經》解釋「極道」云：「心齋坐忘，至極道矣」；引《本際經》云：「心齋坐忘，游空飛步。」〔註57〕南宋吳曾《能改齋漫錄》卷五「滅洞心不滅照心」條引《洞玄靈寶定觀經》云：「天尊告左玄眞人云：『惟滅動心，不滅照心。但凝空心，不凝住心。不依一法，而心常住。』又云：『惟能入定，慧發遲速，則不由人。勿令定中，急急求慧。急則傷性，性傷則無慧。若定不求慧，而慧自生，此名眞慧。慧而不用，實智若愚。益資定慧，雙美無極』。又云：『唯令定心之上，豁然無復；定心之下，曠然無基。舊業日消，新業不造。無所窒礙，迴脫塵籠。行而久之，自然得道。』」吳曾並謂：司馬承禎《坐忘論》取此。〔註58〕的確，這些都成爲司馬承禎《坐忘論》的理論來源。司馬承禎對於「主靜去欲」的思想方法，以坐忘方法建立

〔註55〕司馬承禎，《坐忘論》。

〔註56〕《莊子》，〈大宗師注〉。

〔註57〕《本際經》。

〔註58〕《能改齋漫錄》，上海古籍出版社1979年版，第132頁。

定慧雙修的修學體系。

　　其次，對於「練形」先「練心」的主張，〔註59〕也與吳筠的基本想法相同。

　　在當時修煉外丹的風氣中，司馬承禎力倡「坐忘」，《天隱子》書中的說法更簡潔明快：

> 坐忘者，因存想而得，因存想而忘也。行道而不見其行，非坐之意乎。有見而不行其見，非忘之意乎。何謂不行？曰心不動。何謂不見？曰形都泯故。或問曰：何由得心不動？天隱子默而不答，又問何由得形都泯？天隱子瞑而不視。或者悟道而退曰：道果在我矣，我果何人哉，天隱子果何人哉，於是彼我兩忘，了無所照。（《天隱子》「坐忘七」）

以老莊思想爲依據，吸取佛教止觀、禪定的方法，〔註60〕轉移傳統上清茅山宗的師承傳統更以心性爲導向，給後世道教以極大影響，特別是在道教由外丹轉向內丹，由外向內尋求成仙之道的過程中起了重要的理論作用，成爲宋元道教內丹學的理論先驅，並給予宋明理學以一定影響。〔註61〕

　　因此，司馬承禎坐忘思想所努力的方向，整合了上清、靈寶傳統道法之外，也借用了中觀與天台止觀法門，實際上也可以視爲重玄派發展的重要里程碑，因爲司馬承禎的努力不同於以往的經點注疏，而採用專門論文的方式重新檢討成仙的必要修行架構，因此不只是理論觀點而已，實際上是整合後的修行架構。因此重玄派正式超越了傳統注經解釋系統概念，成爲實修的重要參照架構。所以司馬承禎在思考重玄體系時，應可視爲一個重要關鍵的轉折點。

第二節　吳　筠

　　吳筠（？～778）〔註62〕主要以文學著名，以道士出入宮廷，成爲翰林學士。與李白等文士相善，應該屬於皇帝親近遊興之臣，而非大事決策的謀略之臣。

〔註59〕參見司馬承禎，《天隱子》（臺北，世界書局，民國66年12月，三版）「存想六」，頁7～8。
〔註60〕參見陳澍，〈從司馬承禎、王玄覽看唐代道教對宋明理學的影響〉（《宗教學研究》，1988年，第四期），頁18～20。
〔註61〕關於司馬承禎的《天隱子》一書，請參閱卿希泰：《中國道教思想史綱》第2卷。四川人民出版社1985年版，第597～605頁。
〔註62〕參見卿希泰主編，《中國道教》，第一卷，頁277。

　　道教學者重視「入世精神」的發揮，每個人應盡其本份，吳筠推衍《莊子》之「各安天命，慎守其份」的意義，每個人的角色扮演應能恰如其份，方能達到道教無為治國的基本精神，此與玄宗統治的開元時期觀點相同。並且勸皇帝擺脫盲目追尋長生久視之道，以國家之應治的本分為要務，這些觀點與其同師門出身的道士司馬承禎對於皇帝的詢問故事中，也有類似的觀點。因吳筠受君王重視，多為近臣所妒，非僅高力士一人而已。當時一些傾向佛教的僧俗群眾會進一步結合高力士的力量來排斥吳筠。所以排斥吳筠事件，不過是一連串佛道互相較量過程中的最後拍板，後人不能只將宗教之爭責任推到高力士的頭上。《新唐書》中有一段紀錄：

　　始，筠見惡於力士而斥，故文章深詆釋氏。筠所善孔巢甫、李白，

　　歌詩略相甲乙云。〔註63〕

因此吳筠後期的生活尚有大滌洞天的講經活動。基本上吳筠為玄宗時代活力很大的上清派道教學者，在理論的開展上與司馬承禎同樣具有領導的地位。《全唐文》中有不少作品收錄其中，如《玄綱論》、《神仙可學論》、《心目論》、《形神可固論》，道藏則收錄《宗玄先生文集》等。

一、《玄綱論》思想

　　就其《玄綱論》中分三部份：上篇「明道德」；中篇「辨教法」；下篇「析疑滯」。稱因「重玄深而難賾其奧，三洞秘而難窺其門，使向風之流，浩蕩而無據，遂總括樞要，謂之《玄綱》」。

　　其中關於道德的思想以「非道無以生，非德無以成」來說明道德的關係，整體而言提出的想法以士大夫為主要的訴求對象，所以對於哲學方面的討論較多，強調心性的努力可以印證成仙的歷程，強調心性為修練之要。至於相關修煉方術上，則是以上清派傳統的法門整合中國醫學關於人體內之精、氣二項為主要煉養依據，一般人如要修煉成仙，則須「守靜去燥、止欲戒淫」。

二、《神仙可學論》思想

　　基本上，吳筠肯定神仙修練的意義。以為「形、神」即為修練的基礎。因此，人秉道而生，形（氣）先於神。形立神居，是神仙修練的基本要素。

〔註63〕參見（宋）歐陽修，《新唐書》（臺北，鼎文書局，民國68年，一版，新注標點本）第九冊，頁5604～5。

以形爲性之府，全形以全性，這正確立了道體道性的修練基準。因此，逆練成仙，得以全性合天，以有無的統一作爲修練的最高境界。因此透過形的存有，進一步達到「練形爲氣」、「練氣爲神」。之後得以與無同體、與道合一。雖然如此，人要得道還是需要相當條件的，一要有仙骨，次要肯學修行，並且指出大多數人爲中人之質，必待學而成仙。至於人的情生於性，有感而發。所以必須任性自然而不予物染，才是成仙的條件。因此，先有心性的切合，次有修練的技術，故齋戒等先治心，其次才以吐納導引等修性練形，作爲得仙的保證。〔註64〕

這些思想與司馬承禎多所發揮，意義上也頗爲近似，可以看出上清派道法的關鍵性內涵。

第三節　唐玄宗《老子》注、疏

唐玄宗的《道德經》注、疏可以視爲唐代重玄派思想在《老子》體系下的主要歸結，在《老子》學說經歷累代論辯之後，學者們的一些道教思考路向大致底定，因此唐玄宗有意整合這些紛亂的學術爭端，提出自己的整套架構，重新確立《老子》學說在道教學術中的地位，因此，在《老子》的研究中，唐玄宗提出了許多有趣的神學觀點，指出人人皆可成爲神仙的修鍊依據，並且將此思想通告天下，令百姓學習。

就唐代有關的《老子》作品而言，此部作品的象徵意義極爲明顯。因此，唐玄宗在綜合各家之後，借力於一些參謀道士之手，重新提出《道德經》的道教說法。自此之後，中國還出現了幾位推崇道教皇帝的《道德經注疏》存於《正統道藏》之中，似乎有仿效唐明皇的味道。

至於注、疏的作者推敲，日本學者以爲「注」當爲玄宗所爲，「疏」爲道士協助完成的作品。〔註65〕而注、疏之間有些部分的討論也有所不同。特別是在注中未加說明的部分，疏中往往有所發揮。特別是疏的思想，似乎爲唐代道士的總結性作品。此作品從開元二年開始初稿到二十三年才頒布實施，之後在二十五年各州郡設玄元皇帝廟，二十九年開設崇玄學，其中對於道教

〔註64〕 參見尹志華，〈吳筠的生命哲學思想初探〉(《宗教學研究》，1996 年，第二期)，頁 87～90。

〔註65〕 參見中嶋隆藏，〈從現存唐代《道德經》諸注看唐代老學思想的演變〉(《宗教學研究》，1992 年，第一、二期)，頁 24～26。

老子學說的架構上用了很多心血。而此書之遷延許久，可見尚有斟酌考量有許多不同的爭議點，所以一直延遲頒布的舉動。其目的似乎爲了調和以治國爲主的《河上公注》和以玄談爲主的《王弼注》。而事實上，玄宗最後還是採用《河上公注》作爲底本思考，可見唐代官方有關道教的政策非常明確，最後以重玄思想進行整合。

一、理身理國

唐玄宗認爲，以往的《老子》注，即使嚴遵、河上公，也沒有能夠懂得《老子》的「精義」，其餘各家，更是「浸微固不足數」（唐玄宗《道德眞經注》序）。在《道德眞經疏‧釋題》中，唐玄宗這樣論述了《老子》的大旨：

> 其要在乎理身、理國。理國則絕矜尚華薄，以無爲不言爲教……理身則少私寡欲，以虛心實腹爲務……而皆守之以柔弱雌靜……此其大旨也。

而對於重玄的說明，疏云：

> 若住斯妙，其跡復存，與彼異名，等無差別。故寄又玄以遣玄，欲令不滯於玄。本跡兩忘，是名無住。無住則了出矣。（卷一）

無住的思想，爲般若體系中《金剛經》最著名的命題：「應無所住而生其心」正是最佳的寫照，其特點正以不滯於物，掌握中觀思想以超越世間法。此處可見重玄學的特有應用方向。

其次在理身和理國之間，理國是理身的目的，理身是理國的根本。這一點，和《大學》的「修齊治平」沒有差別。差別在於如何修身？《大學》講的是格致，是「正心誠意」。這裡講的是弱靜，是「反本復性」。

二、道與妙本

唐玄宗認爲，人受生之時，有一個眞實的本性：

> 人受生，皆稟虛極妙本，是謂眞性。及受形以後，六根受染，五欲奔馳，則眞性離散，失妙本矣。（《道德眞經疏》第十六章）

傳統的講法，人的本性不同，是由於稟氣不同。稟清氣者爲賢爲聖，稟濁氣者爲愚爲賤。唐玄宗講人「皆稟虛極妙本」，與佛教「一切眾生皆有佛性」有關，而「玅（妙）本」更是玄宗的《老子》註疏主要論述中心思想。而中國佛教對佛性的這種說法，其思想淵源，可上溯到《莊子》的「道在屎溺」。不

過，《莊子》的道，僅指萬物的普遍本質。人們要求得它，不過是為了規範自己的行動，以求能在塵世獲得自由。道教則進一步，把普遍的本質作為成仙、成聖的根本。唐玄宗認為，人人都有這個根據，但是後來丟掉了。丟掉的關節點，是「成形」。一切皆來自虛極妙本，染從何來？至於「五欲奔馳」，並不是對為何失去本性的解釋，而僅是對本性失去以後的描述。在這裡，我們還看到老莊哲學和道教精神的不同。《莊子》說「道在屎溺」不論成形與否。人們求道，主要是種認識活動。但所謂原來清明，後來「受染」，要求得道，就不祇是認識活動，而是內心的作業，宗教的修煉。這種內心的作業，也區別於一般的道德修養。道德是人與人的關係，人與人的關係是具體的關係。道德修養要求人們在具體的人際關係中調整自己的行為。道德修養也有內心的作業，自我的批評。然而，這種作業和批評不僅時刻聯繫著具體的關係，並且最後也要落實於這些具體的關係。

　　道教宗教修煉企圖擺脫這些具體的關係，它把道德修養變為一種純粹的精神追求。這追求的內容不是人與人的關係，而是自己對自己的關係，是純粹的自我關係。此種關係經過面對矛盾挑戰與超越的修道階段之後，重新面對的真實自我。唐玄宗經營出「虛極妙本」的觀點，即為人的「真性」，此種觀點換一個常用的禪宗說法，即為人的「本來面目」。然後說，人們修煉的目的，就是保全，或是復歸這個真性。復歸的手段，就是「守靜」：

> 今欲令虛極妙本必自致於身，當須守此雌靜，篤厚性情，絕欲無為。
>
> 能守靜致虛，則正性歸復命元而長久也。（《道德真經疏》第十六章）

三、天性本性

　　之所以要用守靜去致虛，原因在於，人的真性本來是清靜的；「人生而靜，天之性」（《道德真經注》第一章）。「人生而靜，天之性」，是《禮記‧樂記》上的話。守靜，是老子的主張，情欲使本性染污，是佛教的說法。唐玄宗把它們結合到了一起。正因為人的真性本來是靜的，要保持、恢復這個真性，也必須清靜無為。君主清靜無為，就要清心寡欲，不要生事擾民，「令物各遂其生」（唐玄宗《道德真經注》第十章）。一般人清靜無為，就是安於性分，不要多追求：

> 難得之貨，謂性分所無者，求不可得，故云難得。夫不安本分，希
>
> 效所無，既失性分，寧非盜竊。（《道德真經注》第三章）

　　　人之受生，所稟有分……分外妄求，求不可得。(《道德眞經疏》第
　　三章)

唐玄宗《老子》注、疏的核心，就是在「性分」上作文章。人的本性是清靜
的，是與生俱來的，所以必須保守。假如被情欲染污，應當設法復歸。在《道
德眞經疏》第一章，唐玄宗開宗明義地講，所謂道，就是叫人「了性修心」，
欲使學者了性修心，所以字之曰「道」。人們明了自己的眞性，通過修心，
從而保持它，或復歸於它，就會行動自如：「若得其性而爲之，雖爲而無爲
也」(唐玄宗《道德眞經疏》第三章)。因爲人們的行爲，都不會超出自己的
性分，因此也不會有爭奪，從而達到天下太平。唐玄宗沒有許給人們一個世
外的天國。他要求人們在現實中安於自己的本分。他也沒給人們安分以某種
報答，而把安分說成人們自己的本性、本分。因而祇是一種應該，一種要無
條件接受的絕對命令。他完全不講長生，認爲修煉的結果，不過是能盡「一
期之壽」(唐玄宗《道德眞經注・疏》第三十三章)。他把一個完整的彼岸世
界分割成無數塊淨土，安放在人們的心上，此種觀點實際上與禪宗所稱的淨
土說法相同。從而企圖經由此種方法使得俗人都能成爲修道之士。這樣一
來，人君可以「永終天祿」(唐玄宗《道德眞經注》第十章)，百姓可以「長
無危殆」(唐玄宗《道德眞經注》第五十二章)。這是一個可實現的現實天國，
或者可以說是玄宗道教國教化的主要目標。實現這個天國的條件，祇是每個
人都心靈寧靜而不妄求。在這個天國裡，每個人的心靈都是自我封閉的，因
而是絕對分散的。但這些心靈又是同一的，他們遵循著同一的原則。

　　在這裡，我們已很難分清，這是治國的政綱，還是宗教的訓條，因爲它
既是政綱，又是教義，是政教合一的，國教化的道教精神。不要以爲唐玄宗
不講長生就是把《老子》又變成了哲學書。他相信，他說的這些，正是道教
的核心，道教最本質的東西。他認爲老子就是老君。他相信「聖人以玄元始
三氣爲體」，而「老君法體」就是「以三一爲身」，「身有眞應之別」(唐玄宗
《道德眞經疏》第一章)。《道德經》，就是老君這個神靈講的一套理身、理國
之道。以唐玄宗爲代表，道教進一步向國教方面發展。

　　至於其他唐代老子註疏不講長生神仙，甚至排斥長生神仙，而祇要求人
們修煉自己的內心。這方面的代表著作，還有以儒家爲主的李約《道德經新
注》和陸希聲《道德眞經傳》。

四、與前人觀點的差異

　　貫穿玄宗《老子》注疏的中心概念，了解其《老子》解釋的實質的關鍵，大概是第一章開頭的「道者，虛極之妙用（『道可道，非常道』之注）」、「無名者，妙本也（『無名，天地之始』之注）」和可稱之為玄宗的《老子》總論的《道德真經疏釋題》中的「故知，大道者，虛極妙本之強名」等處出現的「虛極」、「妙本」，特別是「妙本」這一概念。〔註66〕這一點由玄宗於天寶元年（742）頒布的「分《道德經》為上下經詔」也可看出。該詔書曰：「我烈祖玄元皇帝，乃發明妙本，汲引生靈，遂著玄經五千言，用救時弊」（《冊府元龜》卷54）。這是明確地宣稱《老子》思想的精髓在於闡明「妙本」。「虛極」和「妙本」是何種關係呢？第16章「致虛極，守靜篤」注將「虛極」和「妙本」也說成同一東西。曰：

> 虛極者，妙本也，言人受生，皆稟虛極妙本，及形有受納，則沙本
> 離散。今，欲令虛極妙本必致於身，當須絕棄塵境染滯，守此雌靜
> 篤厚，則虛極之道，自致於身也。

但是，如果檢查玄宗注疏中的用法，就會發現，「虛極」經常構成對「道」、「妙本」的修飾關係，如「虛極之道」、「虛極至道」、「虛極妙本」等。與此相反，沒有發現「妙本」有這種用法。由此可知，「虛極」表示「道」或者「妙本」的終極狀態，而「妙本」則表示過去一直被稱為「道」的、世界根源姓的始元件的實體。而且，上面所引玄宗疏的《釋題》告訴我們，「妙本」和「道」的關係，盡管存在著上述表示同一性的記述，但結果卻被規定為根源性的始元性的實體和加於其上的虛假名稱的關係。關於這一點，第1章「道可道，非常道」的疏中有更詳細的記述：

> 道者，虛極妙本之強名，訓通，訓徑、……可道者，言此妙本，通
> 生萬物，是萬物之由徑，可稱為道，故云可道。非常道者，妙本生
> 化，用無定方，強為之名，不可遍舉。

〔註66〕本文所引玄宗往疏，引自《唐玄宗御注道德真經》（《道藏》第355冊）、《唐玄宗御制道德真經疏》（《道藏》第356～357冊）。另外，關於玄宗注疏的撰述年代等書志方面的論考。有武內義雄《老子研究》（見《武內義雄全集》第5卷，1978年）、今枝二郎《玄宗皇帝的老子注解》（《中國古典研究》第23號，1978年）和《關於玄宗御制道德真經疏》（《大正大學研究紀要》第64輯，1978年）等。關於玄宗三教調和思想的觀點方面的論考，有中嶋隆藏《唐玄宗皇帝的老子崇拜和《道德經》理解》（見《六朝思想研究》，1985年）。

這是說，因爲萬物的始元「虛極妙本」，是無法靠言辭片面形容的幽奧靈妙的
存在，所以不過是著眼於生成萬物的經過、徑路，而強加給它一個名稱曰
「道」。第 1 章注也以「妙用」之體「妙本」作爲前提來表達，曰：「道者，
虛極之妙用。」因此，第 25 章注、第 26 章注和玄宗疏《釋題》等，論述天
地萬物的生成時，經常從作用的實體的角度論及「妙本」。早於玄宗注疏，在
解釋《老子》中頻繁使用「妙本」一詞的，是成玄英的《義疏》。〔註67〕成疏
中「妙本」的用例可以下列數條爲代表：

> 至道妙本，體絕形名，從本降跡，肇生元氣。（第 42 章「道生一，
> 一生二，二生三，三生萬物」）。

> 至道大者，寂乎無聲。自妙本降跡，而聲無聲也。（第 41 章「大音
> 希聲」）

> 至道妙本，幽隱窈冥，非形器之所測。（第 41 章「道隱無名」）

> 言天地萬物，皆從應道有法而生。即此應道，從妙本而起。元乎妙
> 本，即至無也。（第 40 章「天地之物生於有，有生於無」）

正如這些用例所示，成疏援用郭象以來的「本跡」說，分析「道」的根源性
和生成萬物的作用，將現象背後幽隱至無的實體作爲「妙本」，將由此派生出
來的現象作用作爲「粗跡」，把二者解釋爲相對關係。因此，正如「至道妙本」
二例所明確顯示的那樣，「妙本」是從「道」一詞中包含的根源性的實在和生
成作用兩義中，只抽出根源性的實在一義而形成的概念，成玄英喜歡在明確
地揭示「道」所具有的這種含義時使用它。所以，成疏中的「妙本」和「道」
幾乎是等值關系，決不能認爲二者之間存在著價值性的差異。

　　撰於成疏之後的玄宗注疏，繼承了成疏的這種解釋，並讓「妙本」承擔
了更重要的任務。在玄宗注疏中，「道」是「虛極之妙用」是「虛極妙本之強
名」，存在著只承認「妙本」才是表達世界根源性的終極存在的唯一概念的明
確意識。再者，在玄宗的注和疏之間，可以找到在援用「妙本」這一概念時
的微妙差別。玄宗疏大概是在成疏的延長線上展開了「妙本」的概念。這種
差別，通過例如第 1 章或第 21 章的玄宗注和疏的比較很容易發現。第 1 章注
只把「道」定義爲「虛極之妙用」，「無名」定義爲「妙本」，絲毫沒有提到由

〔註67〕 本文所引成玄英義疏，引自藤原高男《輯校贊道德經義疏》（《高松工業高等
　　　　專門學校紀要》第 2 號，1967 年）。

「本」向「跡」的展開。疏卻全面地依據「本跡」關係進行解釋。將從「道」向現象世界的展開和復歸於「道」，解釋爲「本跡之同異」，或曰「自本降跡」、「攝跡歸本」。第 21 章注，從「有無」關係論述由「道」向現象世界的展開。疏與第 1 章同樣，據「本跡」關係詳加闡說，給人一種如讀成疏的感覺。還有，疏的立論深深地滲透著援用佛教教理學的方法論而形成的道數教理學的論法，而注卻見不到這種露骨的痕跡。雖然普通的疏由於饒舌而受到輕視，但上述立論方面的差別還是使我們想象疏成於更詳知道教教理的人物之手。它也爲玄宗疏是據王、顧等注修撰而成的推測提供了一個佐証。

第 25 章「人法地，地法天，天法道，道法自然」所作的疏：

> 言道之爲法自然，非復傚自然也。若如惑者之難，以道法效於自然，是則域中有五大，非四方也。又引《西升經》云，虛無生自然，自然生道，則以道爲虛無之孫，自然之子，妄生先後之義，以定尊卑之目，塞源拔本。倒置何深？且常試論曰，虛無者，妙本之體。體非有物，故曰虛無。自然者，妙本之性。性本造作，故曰自然。道者，妙本之功用，所謂強名。無非通生，故謂之道。幻體用名，即謂之虛無、自然、道爾。尋其所以，即一妙本，復何所相法效乎？則知惑者之難，不詣夫玄鍵矣。

該段玄宗疏告訴我們，當時存在著以《老子》關於「道法自然」的原文件爲解釋的情況，即在「道」之上置以「虛無」、「自然」，從「虛無」、「自然」順序展開而生「道」。玄宗疏認爲這種解釋是錯誤的，企圖提出新的正確的解釋。這就是說，無論稱「虛無」，稱「自然」，稱「道」，都不外乎是同一「妙本」的「幻體」。若借用佛教教理學的用語來說，都不外乎是對應於「法體」的「應身」。因此，在它們之間排列先後尊卑次序是重大錯誤。玄宗疏宣傳這種觀點，不僅反映出企圖泯除在對《老子》解釋中存在的差別（實際上已經發生在佛道二教論辨的過程中間）。六朝隋唐時期道佛論爭中，「道」和「自然」的關係是重要的論爭點之一。在《集古今佛道論衡》卷丙關於唐武德八年（625）在皇帝面前所進行的三教對辯（《大正藏》卷 52，頁 381 中）等記載中，可以看到有關這一論爭點的典型論爭。在這場論爭中，道教方面說「道」是「至極」、「至大」。代表佛教方面的慧乘提出疑問說：如果那樣的話，《老子》第 25 章曰「道法自然」，爲何在「道」之上存在著更具根源性的「自然」呢？代表道教方面的李仲卿回答說：《老子》第 25 章的論述，並非是說「道」和「自

然」之間存在著上下先後的區別，二老是同位的存在。慧乘進一步從邏輯上
攻擊李仲卿說：在前面的句子中曰「人法地，地法天，天法道」，無論哪一句
都是說下位的存在爲上位的存在所規定。只將「道法自然」一句從這種上下
位關係中排除，解釋爲同位概念，在邏輯上是矛盾的。如果這樣的話，人和
地，地和天，天和道，也將成爲同位的存在了。

另外，《辨正論》卷7通人曰，「縱使有道，不能自主，從自然生，從自然
出。道本自然，則道有所待。既因他有，即是無常」。〔註68〕通人在援用王弼《老
子》注之後，規定「道」爲「智慧靈知之號」、「有」，「自然」爲「無稱窮極之
辭」、「無」，由此論証。「道」不及於「自然」，試圖否定道教教理以「道」爲至
上至極的根源性實在和神。這些資料反映的是佛教方面對道教教理的批判，並
不能直接証明道教方面存在著將「自然」置於「道」之上的解釋。

但是，有資料証明這種解釋在該時期的道教教理中流行得相當普遍，除
玄宗疏所引《西升經》外尚有幾處。《辨正論》卷2中儒生質問道的本質曰：
「道以自然爲宗，虛無爲本。其証非一。」儒生引《太上玄妙經》、《昇玄內
教經》等道教經典爲証。前者曰：「自然者，道之眞也。無爲者，道之極也。
虛無者，德之尊也。」後者曰：「夫道玄妙，出於自然，生於無生，先於無先。」
通人攻擊曰，「自然」是「常」、「本」，「道」是「無常」、「跡」，「道」（此處
也包含作爲至上神的「道〔天尊〕」）決不是道教教理所說的終極存在。

成玄英義疏援用佛教的方法，巧妙地構成了將「自然」置於這種「道」
之上的道教教理。第 25 章「人法地，地法天，天法道，道法自然」《義疏》
曰：

> 既能如天，次須法道虛通，包容萬物也。既能如道，次須法自然之
> 妙理，所謂重玄之域也。道是跡。自然是本。以本收之跡，故義言
> 法也。

此處明言「道」爲「跡」，「自然」爲「本」，明確規定兩者是本跡關係。《度
人經四注》引成玄英注亦曰：

> 此舉眞文之體，爲諸天之根本。稟無始妙氣之自然，而化成立道之法
> 身，妙氣自成，不復更有先祖也。《西升經》云：「虛無生自然，自然
> 生道。」今云「上無復祖」者。造以虛無爲宗，以自然爲本，以道爲
> 身。然此三者，悉無形相。尋考其理，乃是眞空。其中有精，本無名

〔註68〕《辨正論》（參見《大正藏》，第 52 冊），頁 537 上。

　　稱。聖人將立教跡，不可無宗。故舉虛無爲道之祖。其實三體，俱會
　　一眞，形相都無，能通眾妙。故云「上無復祖」。(「上無復祖」)
這裡仍引《西升經》爲証，一方面明確指出作爲神的道君的存在，是以「虛無」
爲「宗」，以「自然」爲「本」，以「道」爲「身」，一方面又解釋說，此三者「俱
會一眞」，都不具本來形相，都不過是具體的教在立教義之時，爲了方便起見而
立的「宗」、「本」。這種道教教理自然招來如前所述的佛教方面的攻擊，結果，
道教方面產生了拋棄「道」和「自然」二者本跡關係說，回歸到本來解釋的必
要。但是，如果僅限於使用「道」、「自然」、「虛無」等詞語來構成教理，而想
完全清除在這些詞語之間生造上下先後關係的原有教理的殘餘，將是困難的。
　　可以說，玄宗疏正是爲了從根本上解決教理上的這種矛盾，才將「道」、「自
然」和「虛無」解釋爲不過是對「妙本」的「幻體」的「體」、「性」和「功用」
的個別名稱，試圖將三者置於「道」的更隱蔽的終極實體「妙本」之下而給予
整體的規定的。我們無法判定玄宗對這種關於「道」的本質規定的論爭的知識，
掌握到什麼程度。但是，玄宗注確立表示「道」的實體的更本質的概念「妙本」，
並將之貫穿於對《老子》思想的解釋之中，其背景中存在著上述道佛論爭的影
響，注和疏的撰述時期也沒有相隔那麼久，這種推斷未必不合實際。
　　如何描述現實世界從「妙本」生成的過程的呢？關於生成論的論述，主
要見於第42章、第4章和第52章。特別是第42章對《老子》原書關於生成
論的論述的注釋，最爲重要。以下舉出第42章注疏有關部份：
　　一者，沖氣也。言道動，出沖和妙氣。於生物之理未足，又生陽氣，
　　陽氣不能獨生，又生陰氣。積沖氣之一，故云「一生二」。積陽氣之
　　二，故云「二生三」也。(「道生一，一生二，二生三」注)
　　道者，虛極之神宗。一者，沖和之精氣。生者，動出也。言道動，
　　出和氣以生於物。然應化之理，由自未足，更生陽氣。積陽氣以就
　　一，故謂之二也。純陽又不能，更生陰氣。積陰氣就二，故謂之三。
　　(「道生一，一生二，二生三」疏)
值得特別注意之點是這兩段注疏認爲，「道」雖然最初吐出「沖和妙氣」，但
它還不具有生成現實世界萬物的具體的機能。所以，第二形成「陽氣」。但「陽
氣」必須與「陰氣」相對才具有生成能力。因此，又形成「陰氣」。但是，「陰
陽」二氣如果排除了「中和之氣」所具有的調和作用，反而不能發揮生成能
力。注疏設想了一個由「沖和之氣」、「陽氣」和「陰氣」等三氣生成萬物的

過程（此處則採用了李榮有關的論點）。

玄宗注疏的這種解釋，乍一看似乎並無出奇之處，但如果與先行問世的《老子》諸家注相比較，就會發現它有顯著的特徵。以下通過同王弼注、河上公注和成玄英《義疏》的比較來說明這一點。首先，王弼注對第42章作了如下的注：

> 萬物萬形，其歸一也。何由致一？由於無也。由無乃一，一可謂無已。謂之一，豈得無言乎？有言有一，非二如何？有一有二，遂生乎三。從無之有，數盡於斯。過之以往，非道之流。故萬物之生，吾知有主。雖有萬形，沖氣一焉。百姓有心，異國殊風。而得一者，王侯主焉。以一為主，一何可捨？

王注雖然難解，但該段大概是說，「道生一」的「一」，相當於現象世界「有」潛藏的根據「無」；由於「無」無形，無規定性，所以可以使現象世界「有」的多樣性得到統一和調和。「沖氣」是為這種「無」的動提供物質保証的要素，在人類社會中承擔這項任務的是王侯。因此可以說，王弼特別重視「沖氣」具有的調和性，對於生成諸階段時時應物「沖氣」幾乎漠不關心。造成這種態度的原因在於王弼注本身主要是從玄學方面進行解釋，對具體的生成論幾乎不感興趣。必須指出，在王弼注和把「沖和之氣」規定為生成之初的玄宗注疏之間，存在著很大距離。

其次，《河上公注》注「道生一」曰：「道始所生者。」注「一生二」曰：「一，生陰與陽。」注「二生三」曰：「陰陽生和氣清濁三氣，分為天地人也。」注「沖氣以為和」曰：「萬物之中，皆有元氣，得以和柔。」與王注的不同之處是萬物生成過程中的陰陽沖氣問題，所謂「道始所生者」，與《河上公注》其它部份相對照可以明白，是指「元氣」。但「元氣」與「沖氣」的關係未必明確。把《老子》原文中的「沖氣」改換為「元氣」，猛一看似乎是把「元氣」和「沖氣」當成了同一的東西。但另外一面，如果考慮到又說陰、陽、沖和三氣分別成為天地人，各處都提出「元氣」普遍存在於萬物的論點，那麼，認為《河上公注》為了解釋成為焦點的人內在的「元氣」，故而有意將「沖氣」改換為「元氣」，這可能是最為妥當的解釋。因此可以說，歸根結底《河上公注》的生成論是處在漢魏古典生成論「道→元氣→陰陽（沖和之氣）→萬物」的延長線上的。〔註69〕

〔註69〕關於這點，參見麥谷邦夫，《道家、道教中的氣》（小野澤精一、福永光司、山井湧編，李慶據1980年版譯，《氣的思想》上海，上海人民出版社，1992

最後，對玄宗注疏帶來影響的成玄英《義疏》是怎樣講的呢？其曰：

> 一，元氣也。二，陰陽也。三，天地人也。萬物，一切有識無情也。
> 言至道妙本，體絕形名，從本降跡，肇生元氣，又從元氣，變生陰
> 陽。於是陽氣清浮，升而爲天。陰氣沉濁，降而爲地。二氣升降，
> 和氣爲人。有三才，次生萬物。

這是以「本跡」說爲基礎而作的解釋，基本上與《河上公注》相同，也沒有
越出漢魏古典生成論的雷池一步。

同以上先行問世的諸家注不同，玄宗注疏率先將「一」規定爲「沖和妙
氣」，提出萬物皆以「沖和妙氣」爲根柢的觀點。換句話說，玄宗注疏中的「沖
和之氣」占據了過去生成論中「元氣」的地位。與此同時，過去的生成論沒
有考慮陰陽二氣的先後關係，而玄宗注疏卻主張陽氣先生。這一點也是至關
重要的。關於上述兩點，玄宗注疏中有好幾處論述了同樣的觀點。首先，第 4
章「道沖而用之，或似不盈」，注曰：

> 道動，出沖和之氣，而用生成。有生成之道，曾不盈滿。

第 39 章「昔之得一者」，注疏曰：

> 一者，道之和，謂沖氣也。以其妙用，在物爲一，故謂之一爾。（注）
> 一者，沖和之氣也。稱爲一者，以其與物合同，古今不二，是謂之
> 一。故《易》「系辭」曰：」一陰一陽之謂道。」蓋明道氣在陰，與
> 陰合一，在陽，與陽合一切。（疏）

還有，第 52 章「道生之」，注疏曰：

> 妙本動，用降和氣。（注）
> 道生之者，言自然沖和之氣，陶治萬物，物得以生。（疏）

再者，第 52 章「天下有始，以爲天下母」，注曰：

> 始者，沖氣也。言此妙氣，生成萬物，有茂養之德。

同章「既知其子，復守其母，歿身不殆」，疏曰：

> 言人既知身是道氣之子，從沖氣而生也。

玄宗的這些注疏，把「道」和「沖和之氣」連結成直接的生成關係，使萬物由
「沖和之氣」生成育成，繼續了第 42 章的觀點。但是，引人注目的是，玄宗疏
新提出一個「道氣」的概念。第 39 章疏圍繞著《易・繫辭傳》的解釋，談到了

年 6 月，一版三刷，544 頁，第二編第一章第二節）中有詳論。

「道氣」。「道氣」處於陰陽未分的狀態，同時內部又孕藏著陰陽分裂的契機，相當於魏晉古典生成論中的「元氣」。與此同時，當與至上神的關係出現在頭腦中而加以論述的時候，「道氣」也意味著就是至上神。〔註70〕玄宗疏所說「沖和之氣」的「沖和」，應當不像《河上公注》和《成玄英義疏》那樣，是描繪陰陽二氣分裂之後恰好形成的混合、調和狀態，而是指雖然未分，但卻內藏分化契機的始元狀態。這也相當於「元氣」。另外，玄宗第 52 章注曰：「身是沖氣之子。」玄宗疏發揮這一注曰：「身是道氣之子，從沖氣而生也。」這一發揮援用了六朝後半期以來的道教教理。順便說一句，成疏第 39 章「昔得一者」曰：「一，道也。」疏「天得一以清」曰：「稟得道氣，故積陽成天，清浮在上。」使「一」相當於「道（道氣）」。在這裡，「道」作為實體，同時也被作為「道氣」。因此，認為成疏第 52 章中「既得知，道……是我母，方知我身即是道子，從道而生故也」的提法的背景中，有「道氣之子」的意識並行存在，可能無大錯。而且，這種主張，到了杜光庭的《道德真經廣聖義》（《道藏》第 440～448 冊），表現為更明確的形態。其第 39 章甚至達到了稱為「沖和之道氣」的程度，其義解「昔得一者」曰：「老君將欲明沖和道氣，通生萬物，歷敘得一之妙，以明成化之由。」這是明確地將「沖和之氣」解釋為處於「沖和」狀態的「道氣」。此外，玄宗注沒有提出「道氣」的概念，玄宗疏卻有幾處援用了這一概念。

　　對《老子》的解釋，自六朝後半期以來，在佛教教理學的影響下發生了很大變化。代表者是從梁陳的臧玄靖、諸糅到唐代成玄英等一批經師們的《老子》解釋。他們驅使「本跡」、「體用」、「動寂」、「智境」等佛教概念，一直以《老子》為最終的依托，形成了與時代思潮合拍的道教教理。可以說，唐玄宗的《老子》注疏，一方面以這些成果為基礎，一方面在「妙本」概念和生成論方面展開了獨自的解釋，隨之針對初唐時期道佛論爭中，所出現的「道」和「自然」、「虛無」等本質規定的混亂，給予了最終的回答，構築了唐代《老子》解釋學的頂點。

第四節　其他道教《老子》說

　　就重玄學說而言，自孫登之後，有南朝道士孟智周、臧玄靜、諸柔，隋

〔註70〕六朝後半期道教教理學中"道氣"的含意，以及其在思想史中的意義，已在拙論《關於《老子想爾注》》（《東方學報（京都）》第 57 冊，1985 年）論述。

朝道士劉進喜，唐朝道士蔡子晃、車玄弼、張惠超、梨元興都闡明此一重玄思想。〔註71〕不過成玄英的說法則是嚴遵以玄虛爲宗；顧歡以無爲爲宗；孟智周、臧玄靜以道德爲宗；梁武帝以非有非無爲宗；孫登重玄以寄宗。這些差異性的出現，可以看出唐代與唐末道教學術上的演化過程。

唐代盛期，重點在於別義顯宗，唐末時期則在匯歸眾家，因此不同方向的解釋，也開始出現合流的現象。重玄思想的複雜性，可見不在於師說，而在於對於《老子》主題的掌握與發揚過程。

第五節　陸希聲

陸希聲老子注爲唐代儒家解老子的重要著作。主要的思想爲清虛自守，吸收了許多重玄思想，但反對神化宗教的色彩，回歸到個人與國家應用道家體系的原始面貌。所以雖然與重玄派沒有直接交涉，但以相對的立場中，試圖拉回關於老子思想與人生應用，消極性的排除宗教解釋的干擾。試觀以下三段，即可知他的主要多與儒道二家交涉。

陸希聲曰：「首篇以常道爲體，常名爲用，而極之以又玄。此篇以無爲爲體，無不爲爲用，而統之以兼忘。始末相貫，而盡其體用也。」（《道德眞經取善集》墨十函，卷五，第三十五葉。）

陸希聲曰：「夫聖人之淵奧，莫妙於權實，實以順常爲體，權以反經爲用，權所以濟實，實所以行權，權實雖殊，其歸一揆，老氏既以實教導人，立知常之教，又以權濟物，明若反之言，《易》所謂曲成萬物而不遺，範圍天地而不過者也。」（《道德眞經取善集》莫十函，卷五，第三十葉。）

陸希聲曰：「身死而道不亡，故謂之壽。」（《道德眞經取善集》莫十函，卷五，第二十二葉。）

第六節　无能子

《无能子》〔註72〕爲唐末的重要道教作品，作者不詳，疑曾入仕，後隱居生活清貧，雖未出家或入道，作品中與唐代流行之道教思想有相當關連

〔註71〕據（唐）杜光庭，《道德眞經廣聖義疏》的說法。
〔註72〕參見王明，《无能子校注》（北京，中華書局，1981）。

性。〔註73〕主旨以老莊爲核心，雜以佛家思想融合成自家體系，而根本思想與重玄思想的路線非常相近，由氣論談到人的自然屬性，再由社會化的過程中逐漸失去自我，而此一社會化的過程即由歷代聖人所造就的，因此首先批判聖人設名教的意義。並且以「無心」作爲基礎藉以建立禪宗式的頓悟法門。〔註74〕

《无能子》首先引用道教的宇宙生成論，以無生有，漸次進化，以人同鳥獸，原本太古無知的世界中，人獸何別，且生存相互依存，自在無礙。之後聖人漸次建立各種文化制度，產生各種詐偽姦情，這些稱爲聖人之過。〔註75〕

卷上都以老莊之道分析各種行爲優劣，如《明本篇》討論道之本以無爲爲心要，得照以無滯之光。〔註76〕《析惑篇》討論性命關係，以沖和之氣相應陰陽，「自然生者，雖寂而常。」〔註77〕《無憂》與《質妄》則是以莊子泯生死、齊物我，辯於富貴與美名之累，以適性相忘於江湖爲樂。〔註78〕真修者，以含神體虛，專氣致柔爲教。氣任自然以應萬物，歸根玄牝。〔註79〕

卷中例舉歷代有道之士的對話，分享關於道家的經驗。如文王、首陽子、老君、孔子、宋玉、商隱、嚴陵、孫登等仙聖道徒著名人士對話。引申道家隱逸清淨無爲的要旨。其中比較特殊的是孫登，他被杜光庭尊爲重玄宗說的主要代表人物，特別是以後的道教史傳中，已經有被神化的現象出現。〔註80〕

卷下以无能子與他人問答方式，討論有關道家思想的疑惑。例如與親人討論夢與真實，採用的觀點正是莊周夢蝶的觀點。〔註81〕其次答《華陽子問》中，以爲「無心」則居朝居野皆無妨於道，此與重玄派說如成玄英、唐玄宗與杜光庭的觀點非常吻合。〔註82〕《答愚中子問》中，展現出與禪宗公案類似的故事，

〔註73〕 參見王明，〈論《无能子》的哲學思想〉（收錄於王明，《道家和道教思想研究》，北京，中國社會科學出版社，1990年8月，一版三刷），頁159～180。
〔註74〕 參見盧國龍，《中國重玄學》，頁462～475。
〔註75〕 參見唐人佚名撰，《无能子》（臺北，世界書局，民國66年12月，三版），卷上，〈聖過第一〉，頁3～8。
〔註76〕 參見《无能子》，卷上，〈明本第二〉，頁8～9。
〔註77〕 參見《无能子》，卷上，〈析惑第三〉，頁9～10。
〔註78〕 參見《无能子》，卷上，〈無憂第四〉，〈質妄第五〉，頁10～14。
〔註79〕 參見《无能子》，卷上，〈真修第七〉，頁14～16。
〔註80〕 參見《无能子》，卷中，頁17～35。
〔註81〕 參見《无能子》，卷下，〈答通問第一〉，頁37～38。
〔註82〕 參見《无能子》，卷下，〈答華陽子問第二〉，頁39～40。

以「心在何處」之問悟道，此中可見禪宗的相對性影響力。〔註83〕《魚說》、《鳩說》皆以自然無心爲主旨，說明無心之大用。〔註84〕《魯問》則以弟子對話方式，討論行與文之間的差異，以無心爲前提印證自然之大道，其次討論憂愁所生，不過捕風捉影，實質上卻讓人沉溺酒肉等慾望之中。〔註85〕《記見》以三段寓言故事說明心可移象，吉凶觀點不過世人的好惡成習，非鳥獸草木之罪，狂與不狂之辯，更指出世人拘泥名數，反溺於名數教化，難辨元初之道。〔註86〕《固本》則以三篇寓言提出困於利而致害於心，物各有分而用其所長，無爲之教雖可貴，然而人因習所困，難於任道逍遙。〔註87〕

綜觀《无能子》多爲短篇作品，然而用心細膩，苦口婆心以寓言明道，以勸戒世俗應多思考萬物萬象，勿執於習見而受限於俗。整篇還是以道家主旨爲核心，部分涉及道教的修鍊概念，然而勸世警俗的用心非常明顯，特別出於唐末五代之時，頗具時代特色。

〔註83〕 參見《无能子》，卷下，〈答愚中子問第三〉，頁40。
〔註84〕 參見《无能子》，卷下，〈魚說第四〉，〈鳩說第五〉，頁41～43。
〔註85〕 參見《无能子》，卷下，〈魯問第六〉，頁43～45。
〔註86〕 參見《无能子》，卷下，〈記見第八〉，頁46～49。
〔註87〕 參見《无能子》，卷下，〈固本第十一〉，頁49～52。

第五章 唐末杜光庭的整合

　　玄宗之後經歷中唐年代，三教講論還是存在的，《白居易集》中有白居易參加的一次三教講論的紀錄《三教論衡》，[註1]此篇僅記錄大和元年十月皇帝生日白居易參與三教問答的重點，至於佛道二教則略去不語。其中最主要的在文章結尾處：

> 臣伏准三教談論，承前舊例，朝陳因對觥之次，多自敘才能，及
> 平生志業，臣素無志業，又乏才能，恐煩聖聽，不敢自敘，謹退。
>
> [註2]

此中語謂當時做爲皇帝祝壽之習慣，所以討論起來毫無火氣可言，而自敘志業多少有加深皇帝印象的企圖，可以算是一種榮耀，可見此時三教論對中已經比較少見激烈的衝突現象。

　　然而，武宗時代的會昌法難，確實與道教多少有點關係，其中道士介入頗深，會昌元年（841）道士劉玄靖被任命爲重玄館學士，與道士趙歸眞主持禁中。趙歸眞在會昌四年（844）爲帝師，頗排擠佛教，到了會昌五年（845），再引入道士鄧元起，遊說皇帝發動排佛。會昌六年（846），武宗似乎服藥過量，產生藥燥現象，不久歸天，享年三十三。

　　會昌六年（846）宣宗即位，杖殺趙歸眞，恢復佛教，誅殺劉玄靖等十二人。

　　以後唐代官方較少有積極的三教論壇，對於道教學術的興趣漸低，而唐代後期最主要的代表，直待杜光庭的出現與努力，重新開展重玄派的思想。

〔註1〕《白居易集》，卷六八，頁1434～1440。
〔註2〕《白居易集》，卷六八，頁1439～1440。

第一節　杜光庭

　　杜光庭（850～933），〔註3〕唐末五代著名上清道士，對於道教儀軌進行全面的整理工夫，爲唐代最重要的道教儀軌、歷史學者，有極多的道教史傳作品出現。師事天臺應夷節，爲司馬承禎的五傳弟子（司馬承禎、薛季昌、田虛應、馮惟良、應夷節、杜光庭），〔註4〕大量考訂整齊道教科儀，常爲僖宗召見，爲當時道門領袖。著作非常豐富，多與史傳、神仙事跡、推崇道教方面相關作品撰述上不遺餘力，爲唐代末期最重要的道教學者。目前收錄於《正統道藏》有二十七部作品。

　　杜光庭的《廣聖義》可以算是重玄派最後的總結性作品。首先，對於老子神話的再度肯定，爲最重要的特色，因此老子化胡傳說在此處處可見（卷二）。其次，大量整理唐代《道德經》的諸家註解，歸本於重玄思想，當然在帝王時期，玄宗註疏還是主要的依據，再進一步參考其他諸說，特別重視重玄派的解經方法。因此杜光庭一般被認爲是唐代上清體系重玄派的最後代表學者。

　　《廣聖義》參考佛教判教方法，將道教法門分爲五教：「一曰挫銳解紛，和光同塵，初教也。二曰見素抱朴，虛心實腹，漸教也。三曰外其身而身存，後其身而身先，半教也。四曰損之又損以至於無爲，無爲而無不爲則無不理，滿教也。五曰湛然長存，用之不勤，天地有終，大道無變，圓教也。」〔註5〕

　　所謂初、漸、半、滿、圓的判教方式，顯然直接援引唐初流行的佛教天台判教（四教：藏、通、別、圓）〔註6〕及華嚴五教觀（小、始、終、頓、圓）〔註7〕的影響。其應用佛教華嚴宗學說非常明顯。

〔註3〕　參見卿希泰主編，《中國道教》，第一卷，頁286～287。

〔註4〕　參見杜光庭，《洞玄靈寶三師記》。上清派薛季昌傳田虛應，田虛應於天台山傳教爲武宗國師，弟子有馮惟良、陳寡言、徐靈府。馮惟良亦在天台山傳法，元稹也曾執弟子之禮，憲宗、敬宗屢詔不起，弟子有應夷節、葉藏質、劉處靜、沈觀無。應夷節於會昌三年隱於天台山，有弟子杜光庭、陸甚夷。

〔註5〕　參見杜光庭，《道德眞經廣聖義》（《正統道藏》，臺北，新文豐出版社，第24冊），卷四，頁166。

〔註6〕　參見石峻等主編，《中國佛教思想資料選編》（北京，中華書局，1983年1月，一版三刷），第二卷，第一冊，〈四教義（節選）〉，頁127～144。

〔註7〕　參見石峻等主編，《中國佛教思想資料選編》（北京，中華書局，1993年1月，一版三刷），第二卷，第二冊，〈華嚴五教止觀〉，頁2～13。

言太上老君，爲深妙道之主也。老君既不滯有，亦不滯無。因果兩

遺，粗妙雙遣，先天後劫，尊爲教主。〔註8〕

這些都直接以唐代流行的雙遣有無的中觀思想模式解釋老君之聖道，以作爲重玄解脫的神話依據。

但道之言通，通無所通，而無所不通。德之言得，得無所得，而無

所不得，故能忘己忘功，生物成物。〔註9〕

斯則無有無無，執病都盡，乃契重玄，方爲雙絕。〔註10〕

其釋道德義理，又歸納爲七點，多數爲重玄思想索引申出來的對立概念：「本跡」、「理教」、「境智」、「人法」、「生成」、「有無」、「因果」。〔註11〕總結歷代《老子》註解，分爲兩類說法：

一論旨趣，「河上公、嚴君平，皆明理國之道；松靈仙人、魏代孫登、梁朝陶隱居、南齊顧歡，皆明理身之道；苻堅時羅什、後趙圖澄、梁武帝、梁道士寶略，皆明事理因果之道；梁朝道士孟智周、臧玄靜、陳朝道士諸揉、隋朝道士劉進喜、唐朝道士成玄英、蔡子晃、黃玄頤、李榮、車玄弼、張惠超、黎元興，皆明重玄之道；何晏、鍾會、王輔嗣、張嗣、羊祐、盧氏、劉仁會，皆明虛極無爲理家理國之道。」〔註12〕

次論宗說，「嚴君平以虛玄爲宗，顧歡以無爲爲宗，孟智周、臧玄靜以道德爲宗，梁武帝以非有非無爲宗，孫登以重玄爲宗。宗旨之中，孫氏爲妙矣。」〔註13〕

一、妙本與道

解「虛極妙本」即「道」之體，將「道可道、名可名」視爲「用」，與傳統重玄說法不同。〔註14〕將觀法又分四類十四種，這些說法完全爲自創：小乘初門三觀，包括「假法觀、實法觀、遍空觀」；中乘法門觀四種，有「無常觀、入常觀、入非無常觀、入非常觀」；大乘中觀四種，即「妙有觀、妙無觀、

〔註8〕　參見杜光庭，《道德眞經廣聖義》，卷三，頁154。
〔註9〕　參見杜光庭，《道德眞經廣聖義》，卷五，頁174。
〔註10〕　參見杜光庭，《道德眞經廣聖義》，卷五，頁176。
〔註11〕　參見杜光庭，《道德眞經廣聖義》，卷五，頁175～176。
〔註12〕　參見杜光庭，《道德眞經廣聖義》，卷五，頁179。
〔註13〕　參見杜光庭，《道德眞經廣聖義》，卷五，頁179。
〔註14〕　參見杜光庭，《道德眞經廣聖義》，卷六，頁180。

重玄觀、非重玄觀」；聖門三觀，是爲「眞空觀、眞洞觀、眞無觀」。〔註 15〕
然而杜光庭雖列舉多端，主旨援引小乘、中乘、大乘之外，另行創造的「聖
門」。實際上還是以「中觀」、「兼忘」、「不執」等作爲討論的重點，所謂「觀
法」，將以往觀點弄得疊床架屋，徒增困擾，畫蛇添足。此種發展的過程，缺
乏道教理論體系應有的的圓滿與簡鍊特色。因之與後期道教內丹體系的對
照，顯得過爲繁瑣。

> 道以生育，動植成形，故能於無狀之中成其形狀，無物之中作其物
> 象。謂其無也，則狀象資生，謂其有也，則杳冥難睹，非無非有，
> 爲恍惚焉。〔註16〕

> 況其充塞天地，周遍虛無，無處無道，無往無來，不今不古，何者
> 爲始，何者爲終，故非先非後矣。〔註17〕

> 夫道者無也，形者有也。有故有極，無故長存。世人修道，當外固
> 其形，以保其有，内存其神，以宗其無。漸契妙無，然合於道，可
> 以長生爾。〔註18〕

> 自上而下謂之降，妙本之道，出乎虛無，虛無之體，清浮在上，欲
> 生化品物，運道神功，於妙無之中，而生妙有。妙有融化，自上而
> 下，降於人間，照見物象。妙無爲本，妙有爲跡，本則湛然常存，
> 跡乃資生運用，由是言之，一切物象，皆由道生，一切行類，皆道
> 之子。〔註19〕

> 法性清淨，本合於道，道分元氣，而生於人。靈府智性，元本清淨，
> 既生之後，有諸染欲，潰亂其眞，故去到日遠矣。善修行之人，閉
> 其六欲，息其五情，除諸見法，滅諸有法相，内虛靈臺，而索其眞
> 性，復歸元本，則清淨矣。雖約教法三乘之行，修復其性，於法不
> 住，形相之中，亦不滯著，次來者修，次修者滅，滅空離有，等一
> 清淨，故無心跡可得而見，於内日新，心既寂矣，於外日境，境亦
> 忘之，所以心寂境忘，兩塗不滯，既於心而悟，非假遠求，無車輒

〔註15〕 參見杜光庭，《道德眞經廣聖義》，卷六，頁 185。
〔註16〕 參見杜光庭，《道德眞經廣聖義》，卷十四，頁 239。
〔註17〕 參見杜光庭，《道德眞經廣聖義》，卷十四，頁 239。
〔註18〕 參見杜光庭，《道德眞經廣聖義》，卷十一，頁 226。
〔註19〕 參見杜光庭，《道德眞經廣聖義》，卷十九，頁 274。

之跡，出於四外矣。〔註20〕

大道好生，誘人垂法，千門鍊性，萬行修心。因悟乃修，因修乃證。……

殊不知得道者，自仙登真，從真證聖，登聖極果，與道合真。〔註21〕

二、治　國

　　杜光庭對於重玄思想，主旨還是以「修身」、「治國」為主題，但修身提到的比例頗小，而重玄修身觀點卻弄得更為複雜，其實整體觀來，基本上還是以「中觀」作為核心解釋系統，雖然有提到大乘「重玄觀」、「非重玄觀」的說法，卻未有更進一步的解釋，其目的似乎只是要「遣之」用以達到「不滯」的境界，所以理論體系上而言，反而言出多端，如「妙本」、「妙有」、「妙無」、「本」、「跡」等等觀點，雖然都取自重玄派觀點，但處理上其完整性卻待檢證。因為沒有提出較為具體的個人修道方案。對於此點，作者以為杜光庭主要還是以國家道教的理想進行《道德經》的註解。所以對於儒家治國，所以在典籍引證方面，除了隋唐時代流行的《海空經》、《昇玄經》、《本際經》、《化胡經》、《西升經》、《內觀經》、《清靜經》、《莊子》、《列子》等經典之外，還大量引用了儒家的經典如《易經》、《春秋》、《左傳》、《尚書》、《詩經》、各種《緯書》說明歷史相關事例性的解釋，因此註解上是以老莊的應用為主體，所以整個注雖然洋洋灑灑五十卷，治國佔了極大的部分。

三、修　身

　　其次，對於修練方案而言，雖然吸收了不少佛教上的理論，主旨還只是停留在上清派傳承下來的坐忘修心，以小乘引中乘，再進一步引入道教大乘修練的觀點。個人修練又比較支持原屬的上清派傳承，包括守一、導引、《黃庭經》系統內觀練氣法門、咒術等等，其次對於國家道教的齋醮儀軌的重視，也比上清派系統更加重視，似乎透露著在亂世中，一直期盼能夠建立一個新的太平治世的企圖心，因此對於帝王以道教統治的手段解釋上及事例引證上就顯得特別豐富。

〔註20〕參見杜光庭，《道德真經廣聖義》，卷二三，頁301～302。
〔註21〕參見杜光庭，《道道真經廣聖義》，卷十六，頁244。本段大量舉證說明道教為了皆引眾生而有各種修鍊法術，其中列舉許多上清派的傳承技巧。如吐納、守一等等。

> 修道愛民，理國之事，爲垂衣南面之君，猶須恭己奉天，以順曆數。
> 曆數者，爲受命之曆，五運之數也。〔註22〕

可見對於漢朝陰陽五行與帝王關係的概念進一步引申，以戒帝王應行老君之教，可以常保國家。此類說法，在其注中屢見。

> 虛極者，妙本之道也。人之受生，稟道爲本，所稟之性，無雜無塵，故云正也。既生之後，其正遷訛，染習世塵，淪迷俗境，正道乃喪，邪患日侵。〔註23〕

因此人雖稟道而生，有道性可作爲成仙根據，然而人因受塵染之累，因此修道的重點世離染全性，因此各種修鍊之法，對治各異。然而養神鍊形，還是道教成仙的根本概念。

> 又天之五氣，從鼻而入，其神曰魂，上與天通。地之五味，從口而入，其神曰魄，下與地通。言人食氣，則與天爲徒，久而不已，可以長生，陽鍊陰也。食味則與地爲徒，久而不已，生疾而死，陰鍊陽也。老君令人養神實形，絕穀食氣，爲不死之道，故云玄牝之門也。〔註24〕

此處說明養氣之道，食氣之法。這是傳統上清派的修鍊技術，此則說明此理論的意義。

> 爲道集虛，虛心則道集於懷也。集於懷則神與化游，心與天通，萬物自化於下，聖人自安於上，可謂至理之代矣。虛室生白者，《莊子》「人間世篇」之詞也，室者心也，視有若無，即虛心也，心之虛矣純白自生，純白者，大通明白之貌也。〔註25〕

此處則引證莊子之法，重玄派的特色就在引用莊子思想進入老子的神學觀點，而「坐忘法」正是重要的代表。另一個問題是坐忘法雖然可以解釋爲道教的基本功法，可是實質內容卻始終沒有眞正的定義，司馬承禎算是第一個有系統討論的個案，其中雜揉了傳統道家守一思想、《黃庭經》系內觀法門、佛家天台止觀思想等等。實際上恐怕也屬於託古改制的味道。而司馬承禎又正好是上清派的宗師，因此此種法門自然也同樣在後期上清派南天台系統流

〔註22〕參見杜光庭，《道德眞經廣聖義》，卷十一，頁220。
〔註23〕參見杜光庭，《道德眞經廣聖義》，卷十五，頁246。
〔註24〕參見杜光庭，《道德眞經廣聖義》，卷九，頁206。
〔註25〕參見杜光庭，《道德眞經廣聖義》，卷八，頁197。

傳到杜光庭手上繼續發揚。

> 坐忘遺照者，安坐忘身之謂也。外忘萬境，內息一心，心若死灰，
> 形如槁木，不知肢體之有，不知視聽之用，墜肢體，黜聰明，遺形
> 去智，以至於大道，通無不通，汎然無主，此達人之忘心也。〔註26〕

此處用來說明莊子關於「坐忘」與「內觀」技巧中可印證的特色。坐忘在唐代
上清派司馬承禎已經發展出自己的格局，而內觀說明則較有限，至於「白」光
是許多密教觀法的重要階段，至於此中的解釋頗有內修法門的神秘主義色彩。

> 色塵者，有形可見爲色，有染而不可見爲塵，塵細色粗，皆妨於行。
> 修道之士，先除其色，反神照內，次除其塵，滅心望外。……見於
> 無色，聞於無聲，味於無味，入於無形，了於無爲，乃謂之證道果
> 也。〔註27〕

雖然杜光庭也相信有頓悟的法門，整體上而言，還是只停留在理論解釋的階
段，比較少有完整的建構呈現。因此，這一個重玄體系的解釋，更傾向於國
家道教的應用與詮釋上的發展，對於修練本身似乎保留許多。杜光庭有關重
玄的格局，在此似乎多用在破，少用於建立體系，顯然對於重玄思想雖然支
持，自己心得似乎仍然有限，因此，就體系上的努力而言，杜光廷還只是停
留在整理過去的經驗，缺少進一步的開創空間，可見杜光庭似乎不是一位成
功的道教義學學者。

　　事實上杜光庭除了《廣聖義》作品之外，其他作品如《歷代崇道記》、《江
淮異人錄》等等道教史傳性作品有很高的成就。此外對於儀軌的重整與應用，
也遠比其他隋唐道士重要，成爲繼續張萬福之後的重要發展。然而，就修練
而言，似乎不是特別的突出，杜光庭的著作中更充滿了豐富的政治意涵。與
同時待稍晚的《化書》、《兩同書》等作者的風格差異性較大，另外對於內丹
思想的發展上而言，則似乎傾向於符籙派傳統的特性，與唐末內丹思想的開
始流行較有隔閡。就超越論觀點而言，杜光庭似乎承認有此法門，但對於漸
教思想的說明爲主，頓、圓之教空有理論，未見實質上的說明。

　　唐玄宗的《老子》注、疏，講理身、理國。理身是不求非分，理國要清
靜無爲。不求非分，可以天下晏安，其立足點，仍在理國。杜光庭講理身、
理國、重點在理身，他認爲，「知理身則知理國」，「未聞身理而國不理者」（《廣

〔註26〕參見杜光庭，《道德眞經廣聖義》，卷十三，頁234。
〔註27〕參見杜光庭，《道德眞經廣聖義》，卷十二，頁230。

聖義》卷八）。他把聖人分爲五等、第一是「得道之聖」，如太上老君。第二是「有天下之位兼得仙之聖」，如伏羲、黃帝。第三是「有天下之位而無得仙之聖」，如禹湯文武。至於周公、孔子，不過是第四等的「博贍之聖」（《廣聖義》卷七）。在杜光庭的心目中，得道，在得天下之上。唐玄宗採佛說，認爲「身相虛幻，本無眞實」（唐玄宗《道德眞經注》第十三章），所以祇主張「了性修心」，杜光庭認爲，老子所說的「無身」，不過是修道之士「能忘其身」罷了（《廣聖義》卷十三）。因此，煉形是重要的：「世人修道，當外固其形……內存其神」（《廣聖義》卷十一）。祇有神形俱全，才可以得道：「神形俱全，可以得道，形而神游，道何求哉」（《廣聖義》卷三十二）。煉形的方法很多，他最推崇的，還是服氣。他說：「食氣則與天爲徒，久而不已，可以長生」，「老君令人養神寶形，絕穀食氣，爲不死之道」（《廣聖義》卷九）。他排斥外丹，認爲「餌金石」屏於「奉養之厚」，「本欲希生，反之於死」（《廣聖義》卷四十八）。修煉的最高境界，是「煉形成氣」，「煉氣成神」，成爲眞人、聖人：「其眞人聖人，永超數運，無復變遷。」（《廣聖義》卷四十九）要達到這樣的境界，不能祇靠煉形的手段。因此，「內視養神，吐納煉藏，服餌導引，猿經鳥伸」等等，不過祇是「修道之初門」（《廣聖義》卷三十六）。如前所述，他把士也分爲六種，最上的「爲道之士」，「不刻意而高」，「不導引而壽」（《廣聖義》卷十四）。達到這樣的境界，完全是心靈的作業。因此，雖然煉形是重要的，但最重要的，還是「煉心」：「理身之道，先理其心。」（《廣聖義》卷十九）「理身者，以心爲帝王，臟腑爲諸侯，若安靜心王，抱守其道，則天地元精之氣納化身中……則身無危殆之禍，命無殂落之期，超登上清」（《廣聖義》卷二十七）。「能剗可欲之心，必享無涯之祉。理國可期於九五，理身可企於神仙。勉而行之，道之要也。」（《廣聖義》卷三十五）

總之，「道果所極，皆起於煉心」。（《廣聖義》卷四十九）煉心，是一切修煉手段的基礎，也是一切修煉手段中最高、最重要的手段。杜光庭接受了佛教的說法，認爲：「一切世法，因心而滅，因心而生。習道之士，滅心則契道」。（《廣聖義》卷八）所謂「滅心」，就是「滅動心」，「忘照心」，達到「去住任運」，「不著有無」，這時，就是契合了「長生久視昇玄之道」。（《廣聖義》卷四十九）因此，杜光庭理論的歸宿，仍是心性、性情問題，修心的目的，也是「返性歸元」（《廣聖義》卷十九）。修心的場合，不一定要在江海。祇要心靜，在鬧市也可以修道（見《廣聖義》卷八）。這樣，杜光庭就給道教的世

俗化留下了廣泛的餘地。

四、性　情

杜光庭也探討了性情問題。他認為，「自道所稟謂之性，性之所遷謂之情」（《廣聖義》卷十八）。從這一方面說，性是大同的，清靜的，所以應返歸本性。但他又說，人的賢聖愚賤，由於稟氣不同，所以有「性分」之別（《廣聖義》卷八）。杜光庭還認為，《老子》的主旨，並不排斥儒家。它祇是「抑澆詐聰明」，並不「絕仁義聖智」，其目的，也是要達到「君君、臣臣、父父、子子」，為天下致太平（見《道德真經玄德纂疏》「序」）。因此，杜光庭把理身放在理國之上，推崇「得道之聖」，「為道之士」，祇是為了更進一步抬高道教，使道教凌駕於政治之上，而不致成為政治的附庸。

五、老子神話

唐代把老子尊為道教中最重要的伸仙，把《老子》等道家著作奉為道教最重要的經典，因此，唐代《老子》及其他道書的注疏，代表了唐代道教思想的主流，並為道教後來的發展指出了方向。環繞老莊思想建立道教神學

杜光庭《道德真經廣聖義》對於太上老君的系統描述，道教關於老子其人是道、是神的脈絡形象及無邊神力，已較系統而完整地展現在讀者面前。這是在唐代崇道高潮後，所最終完成的對道教教祖的神化，也是唐代道教局想日益發展的重要標誌。

杜光庭系統神化老子，目的是弘揚老子《道德經》。《道德經》原本是春秋戰國時代出現的一本哲學著作，具有重大的社會影響。由於它以「道」為最高範疇所構築的廣大體系，主靜貴柔的思想傾向和「谷神不死」、「長生久視」等神秘說教，與爾後出世的道教主旨吻合，遂被道流奉為傳習的基本經典。歷代有不少學者進行詮釋注疏。唐玄宗親注《道德經》，「御書四石幢注經立於左街興唐觀，右街金仙觀，又請州節度使、刺史，各於龍興觀、開元觀形勝之所，各立石台以傳不朽。」「升《道德經》居九經之首。」〔註28〕杜光庭從道教的角度，對《道德經》作了相當廣泛深入的研究。

《道德經注》在此是最後一次的努力以重玄思想整理道教學術，而此時

〔註28〕《道德經》在唐代努力提倡士庶熟習，特別以玄宗時代影響最大。

同期發展的內丹系統則基於類似的路線，以人人皆有秉承上天的道性，只要經過內丹的修煉過程後，可以改變體質及身心狀態，達到成仙的思想。此一思路與重玄思想的哲學性思維雖然有所不同，因爲內丹學說不僅限於精神性的超越歷程，更以近似密宗的修煉方式，完成身心練化成仙的目的。因此在宋代開始之後，成爲新的發展模式，融合了上清派的修煉身心技術、丹鼎派的煉丹術語、以及重玄派的思維技巧及所肯定的道性論及心性成就觀點，成爲道教的另一條出口。

第二節　化　書

譚峭爲唐末五代著名道士，煉丹成後入青城山而去。其主要代表作品爲《化書》，以老莊思想衍生「虛化神、神化氣、氣化形」的思想。書成，交南唐道士宋齊丘，宋齊丘占爲己有，故曾被稱爲《齊丘子》。後因著名道士陳摶指出此一事件，才正名爲《譚子化書》。《譚子化書》承襲老莊思想及重玄派的思想方法，融合儒道思想，重新建立心性修練的程序問題，提出宇宙生成的順序與逆練成仙的方向。可以視爲以道教爲主軸的三教歸一的前導學者。〔註29〕

譚峭《化書》，在其「大化」篇中，論及虛、精、氣、神的關聯：

> 虛化神、神化氣、氣化形、形化精，……〔註30〕

《化書》全書充滿著萬物互相化生的主題，對於事物的變化正是道教特有的思想概念。萬物互相生化的過程中，藉以隱喻求仙變化，長生久視的可能性。全書計有六卷，一百零九個小主題。《化書》作者可能與內丹修鍊有關聯，其中提到的修鍊技巧，以螯藏之法有關。〔註31〕其作品中一方面對於社會亂象的質疑，另一方面又分享道教關於修身成道的意義，其他則期望太平盛世的到來。

在面對五代時期的紊亂世局中，人們必須以「還虛」來達到個人最高精神境界。「紫微宮碑」故言：

> 道之委也：虛化神、神化氣、氣化形、形生而萬物所以塞也。道之
> 用也：形化氣、氣化神、神化虛，虛明而萬物所以通也。是以聖人

〔註29〕 參見徐兆仁，《道教與超越》，〈3.譚峭與《化書》〉，頁74～82。

〔註30〕 （五代）譚峭，《化書》，〈大化〉。

〔註31〕 參見丁禎彥、李似珍，〈譚峭化書的社會思想和哲學思想〉（收錄於譚峭原著，丁禎彥、李似珍點校，《化書》，北京，中華書局，點校本，1996年8月，第一版），頁1～20。

窮通塞之端，得造化之源。忘形以養氣、忘氣以養神、忘神以養虛。

虛實相通，是謂大通。〔註32〕

對於道教的神學觀點，也有相關的說明，其中又特別關於虛、神、氣之間的相應相生說法在解釋上，頗具趣味。

太虛，一虛也；太神，一神也；太氣，一氣也；太形，一形也。命之則四，根之則一。守之不得，舍之不失，是謂正一。〔註33〕

萬物本虛，萬法本無。得虛無之竅者，知法術知要乎！〔註34〕

志於虛無者，可以忘生死。〔註35〕

太上者，虛無之神也；天地者，陰陽之神也；人蟲者，血肉之神也。其同者神，其異者形。……生不靈則死靈，……能知真死者，可以游太上之京。〔註36〕

太上之京，即為道教天尊所居之處，比喻為成仙。此中的化氣、化神、化虛的思想與內丹思想有極為密切的關聯性。後在陳摶的《無極圖》中將丹道概括為「練精化氣、練氣化神、練神還虛」的基本修練結構。〔註37〕

對於外丹，則有「丹本不飽而自飽之」的說法，〔註38〕提出根本解決的關鍵，還是在於「故人能一有無、一死生、一情性、一內外，則可以蛻五行，脫三光，何患乎一日百食，何慮乎百日一食。」〔註39〕所以外丹不是解脫的主要因素，至於為道的關鍵，在於以心證之虛無大道，所以能夠「以我之無，合彼之虛，自然可以隱，可以顯，可以死，可以生而無所拘。」〔註40〕「故得心相通而後神相通，神相通而後氣相通，氣相通而後形相通。故我病則眾病，我痛則眾痛。」〔註41〕這些觀點還可以看出大乘佛教《維摩詰經》中「眾生病故我病」思想的影響。

〔註32〕參見（五代）譚峭，《化書》，〈紫微宮碑〉。
〔註33〕參見譚峭，《化書》，卷一，〈正一〉，頁10～11。
〔註34〕參見譚峭，《化書》，卷二，〈水竇〉，頁19。
〔註35〕參見譚峭，《化書》，卷二，〈虛無〉，頁20。
〔註36〕參見譚峭，《化書》，卷一，〈神道〉，頁14。
〔註37〕參見盧國龍，《中國重玄學》，頁475～483。
〔註38〕參見譚峭，《化書》，卷一，〈鉛丹〉，頁4。
〔註39〕參見譚峭，《化書》，卷一，〈鉛丹〉，頁4。
〔註40〕參見譚峭，《化書》，卷一，〈射虎〉，頁8。
〔註41〕參見譚峭，《化書》，卷四，〈螻蟻〉，頁47。

其次，有關萬物之理中，有一段與寄生蟲有關，如「　虹盜人蟲生，虹者，腸中之蟲也，　我精氣。鑠我魂魄，盜我滋味，而有其生。」〔註42〕《化書》有不少近似於神話的道聽塗說之言，但也有一些頗有特色的紀錄，這一段最有代表性，有關寄生蟲的資料，古代醫書語焉不詳，有些學者則以爲是古書中所謂的蠱，而這一段的說法顯然較「蠱」說更爲合理。

卷三「德化」思想中，雖然大量引用儒家說法，但也往往提出不少針貶，例如「君子作禮樂以防小人，小人盜禮樂以僭君子。」〔註43〕最著名的例子就是漢代的董仲舒以天人感應以諷諫帝王，卻同樣爲帝王利用此觀點以責臣下。「是以天下之主，道德出於人；理國之主，仁義出於人；亡國之主，聰明出於人。」〔註44〕「是故疑人者爲人所疑，防人者爲人所防。君子之道，仁與義，中與正，何憂何害。」〔註45〕「是故張機者用於機，設險者死於險，建功者辱於功，立法者罹於法。」〔註46〕「故我自卑則賞不能大，我自儉則恩不得奇。歷觀亂亡之史皆驕侈，恩賞之所以爲也。」〔註47〕「夫禁民火不如禁心火，防人盜不如防我盜，其養民也如是。」〔註48〕「非兔狡，獵狡也；非民詐，吏詐也。」〔註49〕事物之間往往利害相倚，此正是道家的精髓所在。

其他論藝術，如論書道：「心不疑乎手，手不疑乎筆，忘手筆，然後知書之道。」〔註50〕書法在道教中是重要的藝術財產，對於心誠書正的體會眞切，因此顧盼含情，點策自在。所以觀者知「其心樂，其神和，其氣融，其道無朕。」〔註51〕此中作者，觀者心領神會，與禪悟問答其情何殊？

《獄能子》對於儒家思想的融合，還是以道家爲基礎加以解釋，如有關儒家仁義禮智信的解釋：

> 況然無爲之謂「道」，道能自守之謂「德」，德生萬物之謂「仁」，人救安危之謂「義」，義有去就之謂「禮」，禮有變通之謂「智」，智有

〔註42〕參見譚峭，《化書》，卷一，〈天地〉，頁11。
〔註43〕參見譚峭，《化書》，卷三，〈弓矢〉，頁30～31。
〔註44〕參見譚峭，《化書》，卷三，〈聰明〉，頁31。
〔註45〕參見譚峭，《化書》，卷三，〈黃雀〉，頁33。
〔註46〕參見譚峭，《化書》，卷三，〈刻畫〉，頁36～37。
〔註47〕參見譚峭，《化書》，卷三，〈恩賞〉，頁38。
〔註48〕參見譚峭，《化書》，卷三，〈養民〉，頁39。
〔註49〕參見譚峭，《化書》，卷四，〈太和〉，頁43。
〔註50〕參見譚峭，《化書》，卷四，〈書道〉，頁45。
〔註51〕參見譚峭，《化書》，卷四，〈書道〉，頁45。

誠實之謂「信」，通而用之之謂「聖」。道，虛無也，無以自守，故
授之以德。德，清靜也，無以自用，故授之以仁。仁用而萬物生，
萬物生必有安危，故授之以義。義濟安拔危，必有臧否，故授之以
禮。禮秉規持範，必有疑滯，故授之以信。智通則多變，故授之以
信。信者，成萬物之道也。〔註52〕

道德者，天地也。五常者，五行也。仁，發生之謂也，故均於木。
義，救難之謂也，故均於金。禮，明白之謂也，故均於火。智，變
通之謂也，故均於水。信，愨然之謂也，故均於土。仁不足則義濟
之，金伐木也。義不足則禮濟之，火伐金也。禮不足則智濟之，水
伐火也。智不足則信濟之，土伐水也。始則五常相濟之業，終則五
常相伐之道，斯大化之往也。〔註53〕

因此將儒家五常配五行來解釋，而陰陽則以道家的傳統道德來解釋，使得儒家
的基本理念納入《化書》之中，道德之行神變萬方，而五常應用相生相剋，必
須特別注重應用技巧，以免過猶不及。這些觀念，可以說是針對儒家的針貶。

而教之以網罟，始之務畋獵。且夫焚其巢穴，非仁也；奪其親愛，
非義也；以斯為享，非禮也；教民殘暴，非智也；使萬物懷疑，非
信也。夫羶臭之慾不止，殺害之機不已。〔註54〕

對於傳統民間有關祭祀之用禽獸，以為不智之舉。以此作為祈禱降福的神佑，
進行檢討，所以《化書》作者以為人以自己的慾望加諸禽獸之上，反而使禽
獸受殃，這些行為決不是古代聖賢的本意。對於現有佛道二教其實也有不滿
之處，以人民對於飲食的需求來舉例，「一日不食則憊，二日不食則病，三日
不食則死。」「王者奪其一，卿士奪其一，兵吏奪其一，戰伐奪其一，工藝奪
其一商賈奪其一，道釋之族奪其一。」〔註55〕其中比較重要的觀點，則是以
為佛道二教過度的發展，會直接影響到人民的生計，似乎有支持一日不作，
一日不食的苦行，反對過度膨脹的僧團組織，這些人的不勞而獲，坐享收成
巨利，對民生百姓而言，反而造成苦難。所以在食化的第一篇就被拿出來討
論，可見對於隋唐宗教的發展，不見得都採全部認同的態度。「王取其絲，吏

〔註52〕參見譚峭，《化書》，卷四，〈得一〉，頁40。
〔註53〕參見譚峭，《化書》，卷四，〈五行〉，頁41。
〔註54〕參見譚峭，《化書》，卷四，〈畋獵〉，頁41～42。
〔註55〕仝見譚峭，《化書》，卷五，〈七奪〉，頁51。

取其綸；王取其綸，吏取其綷。」〔註56〕討論官吏之害，上下交侵於民，百姓因此困苦，這也正是唐末五代政局的寫照。主張「均食」的重要性，百姓生存還是以食爲天。

> 能均其食者，天下可以治。〔註57〕

> 食均則仁義生，仁義生則禮樂序，禮樂序澤民不怨，民不怨則神不怨，太平之業也。〔註58〕

> 儉者，均食之道也。〔註59〕

> 王者皆知御一可以治天下也，而不知孰謂之一。夫萬道皆有一：仁亦有一，義亦有一，禮亦有一，智亦有一，信亦有一。一能貫五，五能宗一。能得一者，天下可以治。……所以議守一之道，莫過乎儉，儉之所律，則仁不蕩，義不亂，禮不奢，智不變，信不惑。故心有所主，而用有所本，用有所本，則民有所賴。〔註60〕

故以「儉」作爲當政必備的參考，「杜之於漸，化之於儉。」〔註61〕「是之儉可以爲萬化之柄。」〔註62〕因此檢討政治觀點時，還是以道家爲主旨，去欲清靜，養民自守爲主。因此勸當政者應當以「我服布素則民自暖，我食葵藿則民自飽」〔註63〕的精神來爲百姓考慮，不可上下交相奪，所以爲了常保權位飯碗，造成「上以食而辱下，下以食而欺上，上不得不惡下，下不得不疑上，各有所切也。」〔註64〕所以《化書》全篇充滿著悲天憫人的情操，以民胞物與的精神檢討當時世間各種亂象之源，歸結於道教無爲理國理身的本旨。

《无能子》與《化書》的寫作方式結構上頗有體系，各篇之間緊密相連，貫穿整個作品主題。以道教爲核心，應用重玄不滯於象的基本觀點，來闡釋其他不同宗派的思想，所以儒家觀點多數也被導入在清淨無爲的道德教化之下。所以儘管篇目有所不同，寫作時多數以寓言作爲引申論證的根據，雖然

〔註56〕參見譚峭，《化書》，卷五，〈絲綸〉，頁53。
〔註57〕參見譚峭，《化書》，卷五，〈奢儉〉，頁53～54。
〔註58〕參見譚峭，《化書》，卷六，〈太平〉，頁61。
〔註59〕參見譚峭，《化書》，卷六，〈太平〉，頁61。
〔註60〕參見譚峭，《化書》，卷六，〈御一〉，頁67。
〔註61〕參見譚峭，《化書》，卷六，〈民情〉，頁64。
〔註62〕參見譚峭，《化書》，卷六，〈化柄〉，頁66。
〔註63〕參見譚峭，《化書》，卷五，〈無爲〉，頁58。
〔註64〕參見譚峭，《化書》，卷五，〈崔鼠〉，頁57～58。

各個篇幅短小，卻相當具有說服力。當然限於時代特色，一些有關怪力亂神的部分難免成為理論的討論中心，可是就整體而言，最後還是訴諸於個體自身心性上的修道功夫，以及君王統治當局的無為無欲，這些都與當代政局有非常密切的關聯性，最後的歸結也都差不多，可見得唐末五代道教此時已經邁入整合的最後階段。而《化書》作者本身更接近於內丹系統，對於宋朝初年道教思想影響頗大，成為由唐轉換至宋朝時道教學者承先啟後的重要轉折。

第六章　結　論

　　唐代重玄派的整體探索過程中，在面對佛教對於中國文化的挑戰下，自玄學之後產生了一系列文化上的互動吸收與融會貫通的過程。隋代首先承襲南方道教重玄思想的影響，大量吸收佛教的重要術語和解釋系統到道教體系之中，其中尤以《本際經》最具代表性。

　　進入唐代之後，除了前期帝王大力提倡的優勢外，經過大量的三教講論中，逐步琢磨出自身的理論缺失與改進之道，經由內外壓力下不斷的檢討與聚焦之後，高宗時期展現了不小的成果，包括潘師正、李榮、成玄英、王玄覽等著名道士的出現，以《老子注疏》的著作形式確立唐代重玄派的理論架構。此時慢慢將傳統道體論與道性論尋找整合的空間，由外在的修道及中觀修證體系下內在的追尋道路，逐步導入心性修練，在唐代確立了基本的性功理論基礎。

　　唐代心性的鍛鍊與修道關係除了理論體系的考察之外，也輔之以道家經典的創作之中，其中在初唐開始的《本際經》、成玄英之後，潘師正、李榮、王玄覽則除了原有的道體觀點逐步轉移到道性修練問題上，並且逐步檢討觀法、修練與「損之又損」的根本功夫。唐玄宗時期重玄體系進入全盛階段，他所架構的老子解釋體系，基本上則回歸到心性問題，並且透過官方的努力推展到全國各學校，特別是崇玄學的設立，使得關於老子的討論不僅止於道教學者之間，而真正轉入民間。此外司馬承禎的《坐忘論》、吳筠的《玄綱論》、《神仙可學論》、《无能子》的基本概念，無論引用佛家或者儒家思想，將三教思想歸宗于道門架構之下，使得重玄派基本思想不只關心修仙架構的重要性，並且指出心性修練為最重要的基礎功夫。

到了唐末杜光庭《廣聖義》中，對於老子解釋的多元化角度中，特別標明以重玄思想最具唐代道教老子學說的特點，由老子學說內有立有破，在思辨中釐清心性、修身與治國等等命題，作爲後來道教討論老子學說的主要路線，至於譚峭的《化書》中，又回到關於心性問題的討論之外，還有關於神仙變化的可能性，以及精、氣、神的再度肯定。

修道與氣論之間有極爲密切的關連性，自從《抱朴子》之後，許多相關的氣的修習技巧逐步展開，包括胎息（不消耗自身體內的氣的修練方法）、行氣導引（把外部的氣導入體內的方法）、服食辟穀（攝取包含自然精華之氣的食物與不攝取污染自身氣的攝食方法）、還精補腦房中術（防止精氣外洩與陰陽調和的修練方法）。這些屬於命功的實質修練技巧開始有較爲完整紮實的理論基礎。〔註1〕

重玄派基本上還是以中觀的方法學，特別是關於三論宗與天台宗的相關想法，也引入了部分涅槃佛性論的觀點，使得道性論與心性思想緊密結合，將外在現象與認知體系的建立全新的道教宗教學說，特別是關於成仙的關鍵性架構。因此，成仙的可能性在唐代是個相當關鍵的問題，因此產生了許多不同的方法，基本上都環繞在老子的解釋體系之中，即使是儒家學者，在解釋老子的過程中，雖然焦點不是集中在成仙體系的討論中，也同樣將焦點放在心性成就的關鍵性議題上，在多樣性的唐代思想中，產生了殊途同歸的現象。

〔註1〕參見麥谷邦夫，《道家道教中的氣》（收錄於小野澤精一、福永光司、山井湧編著，李慶譯，《氣的思想》，第二編，第一章，第二節，上海，上海人民出版社，1992年6月，一版三刷，總計544頁），頁264。

參考書目

一、古典文獻

1. 〔梁〕釋僧佑，《弘明集》，上海，上海古籍出版社，高麗藏經本，1991年8月。

2. 〔唐〕元稹，《元稹集》，臺北，漢京出版社，點校本，民國72年10月出版，859頁。

3. 〔唐〕王玄覽著，朱森溥校釋，《玄珠錄校釋》，成都，巴蜀書社，據《正統道藏》底本點校本，1989，一版一刷，232頁。

4. 〔唐〕白居易，《白居易集》，兩冊，臺北，漢京出版社，點校本，民國73年3月出版，頁。

5. 〔唐〕吳兢，《貞觀政要》，臺北，臺灣商務印書館，四部叢刊本，民國70年。

6. 〔唐〕李白，《李白集校注》，兩冊，臺北，偉豐書局，新校本，民國73年，1979頁。

7. 〔唐〕李林甫，陳仲夫點校，《唐六典》，北京，中華書局，1992年1月，766頁。

8. 〔唐〕杜佑，《通典》，五冊，北京，中華書局，點校本，1992年6月，一版二刷，5661頁。

9. 〔唐〕長孫無忌，《唐律疏義》，臺北，弘文館出版社，民國75年3月，初版，678頁。

10. 〔唐〕柳宗元，《柳河東集》，兩冊，北京，中華書局，1960，一版一刷。

11. 〔唐〕徐堅，《初學記》，北京，中華書局，1980，一版二刷，293頁。

12. 〔唐〕張九齡，《曲江集》，臺北，臺灣商務印書館，人人文庫本特255，

民國 62 年，241 頁。

13. 〔唐〕釋淨覺，《楞伽師資記》，高雄縣，佛光出版社，收於《佛光大藏經・禪藏・史傳部・禪林僧寶傳外三部》，頁 1～48。

14. 〔唐〕釋道宣，《集古今佛道論衡》，臺北，新文豐出版社，收於《大正新修大藏經》第 52 冊。

15. 〔唐〕釋道宣，《廣弘明集》，上海，上海古籍出版社，高麗藏經本，1991年 8 月，一版一刷。

16. 〔唐〕釋道宣，《續高僧傳》，臺北，新文豐出版社，收於《大正新修大藏經》的「史傳部」。

17. 〔日〕釋圓仁著，〔日〕小野勝年校註，白化文等修訂校註，《入唐求法巡禮記校註》，河北石家莊，花山文藝出版社，附索引，1992 年 9 月，版一刷，669 頁。

18. 〔五代〕劉昫，《舊唐書》，臺北，鼎文書局，新校本。

19. 〔五代〕譚峭，丁禎彥、李似珍點校，《化書》，北京，中華書局，道教典籍選刊，點校本，1996 年 8 月，一版一刷，96 頁。

20. 〔五代〕釋靜、筠，《祖堂集》，校點本，高雄縣，佛光出版社，收於《佛光大藏經・禪藏・語錄部・《祖堂集》》。

21. 〔宋〕王溥，《唐會要》，三冊，臺北，世界書局，民國 71 年 12 月，四版，1804 頁。

22. 〔宋〕宋敏求，《唐大詔令集》，上海，學林出版社，點校本，1992 年 10月，653 頁。

23. 〔宋〕張君房，張力生等校注，《雲笈七籤》，北京，華夏出版社，1996年 8 月，一版一刷，785 頁。

24. 〔宋〕趙全陽，《歷世真仙體道通鑑》，兩冊，臺北，自由出版社，民國69 年 2 月，1354 頁。

25. 〔宋〕歐陽修，《新唐書》，八冊，臺北，鼎文書局，新校本，民國 70 年，含索引。

26. 〔宋〕釋贊寧，《宋高僧傳》，二冊，臺北，文津出版社，點校本，民國77 年 7 月，870 頁，含人名索引。

27. 〔明〕《正統道藏》，六十冊，臺北，新文豐出版社，民國 77 年，再版。

28. 〔清〕徐松，《唐兩京城坊考》，北京，中華書局，1985 年 8 月，305 頁。

29. 〔清〕郭慶藩，《莊子集釋》，臺北，木鐸出版社，民國 71 年，初版，1118頁。

30. 〔清〕董誥等編，《全唐文》，四冊，臺北，中文出版社。

31. 上海古籍出版社編，《山海經外二十六種》，上海，上海古籍出版社，四

庫筆記小說叢書，1995 年 1 月，一版二刷，946 頁。

32. 上海古籍出版社編，《西京雜記外二十一種》，上海，上海古籍出版社，四庫筆記小說叢書，1991 年 12 月，一版一刷，945 頁。

33. 日本大正一切經刊行會，《大正新修大藏經》，臺北，新文豐出版社，民國 64 年。

34. 王明，《抱朴子內篇校釋》，北京，中華書局，新校增訂本，1988 年 7 月，一版三刷，399 頁。

35. 王明，《无能子校注》，北京，中華書局，1997 年 10 月，一版三刷，54 頁。

36. 周紹良主編，《唐代墓誌彙編》，兩冊，上海，上海古籍出版社，1992 年 11 月，一版一刷，2761 頁，含人名索引。

37. 周紹良編著，《敦煌寫本壇經原本》，北京，文物出版社，1997 年 12 月，一版一刷，192 頁。

38. 東京大學東洋文化研究所藏，《大唐開元禮》，東京，汲古書院，昭和四一年十一月，864 頁。

39. 國家文物局古文獻研究室等編，《土魯番出土文書》，十冊，北京，文物出版社，1991 年 10 月。

40. 楊家駱主編，《長短經、兩同書、玄真子、天隱子、无能子》，臺北，世界書局，民國 66 年 12 月，三版。

41. 蒙文通，《老子義疏》，臺北，廣文書局，民國 35 年。

42. 釋法海著，楊曾文校寫，《敦煌新本六祖壇經》，上海，上海古籍出版社，依據敦煌博物館藏任子宜抄本點校，附編一為相關曹溪大師傳記史料及版本敘錄，附編二為論文分析此本的史料價值討論，1993 年 10 月，一版一刷，329 頁。

43. 饒宗頤，《老子想爾注校證》，上海，上海古籍出版社，1991，一版一刷，167 頁。

二、專書部份

1. 于大成、陳新雄編，《莊子論文集》，臺北，木鐸出版社，民國 65 年 5 月，初版，256 頁。

2. 中國唐代學會編，《唐代研究論集——第四輯》，臺北，新文豐出版社，民國 81 年 12 月，初版，671 頁。

3. 中國唐史研究會編，《唐史研究會論文集》，西安，陝西人民出版社，1983 年 9 月，一版一刷，403 頁。

4. 中國唐史學會編，《中國唐史學會論文集》，西安，三秦出版社，1989 年

1 月，一版一刷，266 頁。

5. 中國道教協會研究室主編，《道教史資料》，上海，上海古籍出版社，1991 年 5 月，一版一刷，431 頁。

6. 王明，《道家和道教思想研究》，北京，中國社會科學出版社，1984，一版一刷，380 頁。

7. 白文固等，《中國僧官制度史》，青海，人民出版社，1990，初版，318 頁。

8. 石峻等編，《中國佛教思想資料選編》，第二卷一至四冊，北京，中華書局，1991 年 10 月，一版三刷，總 1692 頁。

9. 任繼愈，《漢唐佛教思想論集》，北京，人民出版社，1994，一版一刷，458 頁。

10. 任繼愈主編，《中國佛教史》，計三卷。

11. 任繼愈主編，《中國哲學發展史——隋唐卷》，北京，人民出版社，1994 年 5 月，一版一刷，571 頁。

12. 任繼愈主編，《中國哲學發展史——魏晉南北朝卷》，北京，人民出版社，1994 年 5 月，一版一刷。

13. 任繼愈主編，《中國道教史》，上海，上海人民出版社，1990 年 10 月，一版二刷，812 頁，含索引。

14. 任繼愈主編，《道藏提要》，北京，中國社會科學出版社，1991，一版一刷，1532 頁。

15. 刑東風，《禪悟之道·南宗禪學研究》，臺北縣新店市，圓明出版社，民國 84 年 5 月，一版一刷。

16. 牟宗三，《才性與玄理》，臺北，學生書局，民國 82 年 2 月，修訂八版，384 頁。

17. 吳宗國，《唐代科舉制度研究》，瀋陽，遼寧大學出版社，1992 年 12 月，一版一刷，303 頁。

18. 李申，《中國古代哲學和自然科學》，北京，中國社會科學出版社，中國社會科學博士論文文庫，1993 年 3 月，一版一刷，460 頁。

19. 李剛，《漢代道教哲學》，成都，巴蜀書社，1995 年 5 月，一版一刷，291 頁。

20. 李裕民主編，《道家文化研究——第一輯》，北京，書目文獻出版社，1995 年 9 月，一版一刷，420 頁。

21. 侯外廬主編，《柳宗元哲學選集》，北京，中華書局，1964，一版一刷，136 頁。

22. 姜伯勤，《敦煌藝術宗教與禮樂文明》，北京，中國社會科學出版社，1996

年 11 月，一版一刷，627 頁。

23. 柏明主編，《宗教研究論集》，西安，陝西人民出版社，1994 年 5 月，一版一刷，574 頁。

24. 柳存仁，《和風堂文集》，三冊，上海，上海古籍出版社，1991 年 10 月，一版一刷，1804 頁。

25. 柳存仁等，《宗教與文化》，臺北，學生書局，民國 79 年，初版。

26. 胡孚琛，《魏晉神仙道教》，北京，人民出版社，1989 年 6 月，一版一刷，340 頁。

27. 卿希泰主編，《中國道教史》，四冊，成都，四川人民出版社，一版一刷，1988 年 4 月、1992 年 7 月、1993 年 10 月、1995 年 12 月，627、919、618、731 頁，每冊後皆附道教年表、索引、第四冊有《世界道教研究概況》。

28. 徐兆恩，《道教與超越》，北京，中國華僑出版社，1991，一版一刷，517 頁。

29. 高大倫，《張家山漢簡《引書》研究》，成都，巴蜀書社，1995 年 5 月，一版一刷，206 頁。

30. 張弓，《漢唐佛寺文化史》，兩冊，北京，中國社會科學出版社，1997 年 12 月，一版一刷，1044 頁。

31. 張清華，《詩佛王摩詰傳》，鄭州，河南人民出版社，1991 年 11 月，一版一刷，252 頁。

32. 張遠華，《先秦兩漢道家思想研究》，長春，吉林教育出版社，1998 年 12 月，一版一刷，370 頁。

33. 梁鳴飛、趙躍飛，《中國隋唐五代宗教史》，中國全史百卷本，北京，人民出版社，1994 年 4 月，一版一刷，187 頁。

34. 許抗生，《老子研究》，臺北，水牛出版社，民國 82 年 3 月，一版，312 頁。

35. 許抗生，《魏晉玄學史》，西安，陝西師範大學出版社，1989 年 7 月，一版一刷，567 頁。

36. 郭朋，《中國佛教思想史》，三冊〔上、中、下卷〕，福州，福建人民出版社，1994 年 9 月、1994 年 12 月、1995 年 9 月，一版一刷，792、530、513 頁。

37. 郭朋，《隋唐佛教》，濟南，齊魯書社，1981，一版一刷，642 頁。

38. 陳垣，《道家金石略》，北京，文物出版社，1988 年 6 月，一版一刷，1379 頁。

39. 陳國符，《道藏源流考》，臺北，明文出版社，民國 64 年 3 月，台一版，504 頁。

40. 陳國符,《道藏源流續考》,臺北,明文出版社,民國 72 年,初版,496 頁。

41. 陳寅恪,《陳寅恪史學論文集》,上海,上海古籍出版社,1992 年 7 月,一版一刷,720 頁。

42. 陳鼓應,《老子註釋及評介》,北京,中華書局,1984 年 5 月,一版一刷,491 頁。

43. 陳鼓應主編,《道家文化研究－第九輯:道家與道教學術研討會論文專號》,上海,上海古籍出版社,1996 年 6 月,一版一刷,476 頁。

44. 陳鼓應主編,《道家文化研究－第十三輯:敦煌道教文獻專號》,北京,三聯書店,1998 年 4 月,一版一刷,506 頁。

45. 湯一介,《郭象與魏晉玄學》,臺北,谷風出版社,民國 76 年 3 月,初版,347 頁。

46. 湯一介,《魏晉南北朝時的道教》,臺北,東大圖書公司,民國 77 年。

47. 湯用彤,《玄學、文化、佛教－湯鏡予先生文集》,臺北,育民出版社,民國 69 年。

48. 湯用彤,《隋唐佛教史稿》,臺北,木鐸出版社。

49. 湯用彤,《漢魏兩晉南北朝佛教史》,北京,中華書局,1983,一版一刷。

50. 隋唐佛教學術討論會編,《隋唐佛教研究論文集》,西安,三秦出版社,1990 年 2 月,一版一刷,234 頁。

51. 黃釗主編,《道家思想史綱》,湖南,湖南師範大學出版社,1991 年 4 月,一版一刷,628 頁。

52. 楊曾文,〔日〕鎌田茂雄編,《中日佛教學術會議論文集》,北京,中國社會科學出版社,1997.05,一版一刷,489 頁。

53. 葛兆光主編,《清華漢學研究第一輯》,北京,清華大學出版社,1994 年 11 月,一版一刷,344 頁。

54. 葛洪著,楊明照校箋,《抱朴子外篇校箋》,北京,中華書局,1997 年 10 月,一版一刷,1445 頁。

55. 榮新江主編,《唐研究》,第一卷,北京,北京大學出版社,1995 年 12 月,一版一刷,566 頁。

56. 榮新江主編,《唐研究》,第二卷,北京,北京大學出版社,1997,一版一刷。

57. 蒙文通,《古學甄微》,第一卷,成都,巴蜀書社,1987,一版一刷。

58. 蒙文通,《蒙文通文集第六卷——道書輯校拾種》,成都,巴蜀書社,2001 年 8 月,一版一刷,1204 頁。

59. 蒙文通,《老子徵文》,臺北,萬卷樓圖書公司,民國 87 年 9 月,一版一

刷，200 頁。

60. 劉鋒，《道教的起源與形成》，臺北，文津出版社，大陸地區博士論文叢刊六九，民國 83 年 4 月，初版，170 頁。

61. 劉俊文，《唐律疏議箋解》，兩冊，北京，中華書局，1996 年 6 月，一版一刷，2148 頁。

62. 鄧文寬、榮新江錄校，《敦博本禪籍校錄》，南京，江蘇古籍出版社，1998 年 12 月，一版一刷，527 頁。

63. 盧國龍，《中國重玄學》，北京，人民中國出版社，1993，一版一刷，503 頁。

64. 盧國龍，《道教哲學》，北京，華夏出版社，1998 年 1 月，一版一刷，620 頁。

65. 蕭天石，《道海玄微》，臺北，自由出版社。

66. 蕭登福，《周秦兩漢早期道教》，臺北，文津出版社，民國 87 年 6 月，一版一刷，486 頁。

67. 賴永海，《中國佛性論》，高雄，佛光出版社，民國 79 年 12 月，初版，546 頁。

68. 閻文儒，《唐代貢舉制度》，西安，陝西人民出版社，1989 年 11 月，一版一刷，279 頁。

69. 謝保成、趙俊，《中國隋唐五代思想史》，中國全史百卷本，北京，人民出版社，1994 年 4 月，一版一刷，254 頁。

70. 謝重光，《漢唐佛教社會史論》，臺北，國際文化，民國 79 年 5 月，初版，398 頁。

71. 韓廷傑，《三論玄義校釋》，北京，中華書局，1991，一版一刷。

72. 顏廷亮，《敦煌文化》，北京，光明日報出版社，2000 年 12 月，一版一刷，538 頁。

73. 顏尚文，《隋唐佛教宗派研究》，臺北，新文豐出版社，民國 69 年 12 月，初版，430 頁。

74. 釋印順，《中國禪宗史》，嘉義，民國 60 年，初版，427 頁。

75. 釋明復，《中國僧官制度研究》，臺北，明文書局，民國 70 年 3 月，初版，109 頁。

76. 釋法海著，郭朋校釋，《壇經校釋》，北京，中華書局，1983，一版一刷，160 頁。

77. 饒宗頤，《饒宗頤史學論著選》，上海，上海古籍出版社，1993 年 11 月，一版一刷，801 頁。

78. 龔雋，《大乘起信論與佛教中國化》，臺北，文津出版社，大陸地區博士

論文叢刊九八，民國 84 年 11 月，初版，237 頁。

79. 龔鵬程，《道教新論》，臺北，學生書局，民國 80 年 8 月，初版，334 頁。

80. 龔鵬程，《道教新論二集》，嘉義，南華大學，民國 87 年 7 月，初版，508 頁。

81. 龔鵬程主編，《海峽兩案道教學術文化研討會論文》，臺北，學生書局，民國 85 年 10 月，初版，上下冊，960 頁。

82. 〔日〕小林正美，李慶譯，《六朝道教史研究》，成都，四川人民出版社，2001 年 3 月，537 頁。

83. 〔日〕小野澤精一等主編，李慶譯，《氣的思想》，上海，上海人民出版社，1992 年 6 月，544 頁。

84. 〔日〕金岡照光等，《敦煌と中國道教》，東京，大東出版社，敦煌講座 4，昭和五十八年〔1983〕，初版，411 頁。

85. 〔日〕田中良昭，《敦煌と禪宗文獻研究》，東京，大東出版社，敦煌講座，初版，昭和五十八年〔1983〕。

86. 〔日〕吉川忠夫，《中國道教史研究》，京都，同朋舍，1992，京都大學人文社會科學研究所論文。

87. 〔日〕吉岡義豐，《道教と佛教》，三冊，東京，國書刊行會，1983。

88. 〔日〕東洋文庫唐代史研究會編，《唐代詔敕目錄》，東京，東洋文庫，昭和五六年三月，615 頁。

89. 〔日〕砂山稔，《隋唐道教思想史研究》，東京，平河出版社，1990。

90. 〔日〕酒井忠夫，《道教的總合の研究》，東京，國書刊行會，1981，455 頁。

91. 〔日〕楠山春樹，《道家思想と道教》，東京，平河出版社，1992。

92. 〔日〕福井康順，《福井康順著作集——第二卷‧道教思想研究》，京都，法藏館，昭和六二年〔1987〕六月，初版，479 頁。

93. 〔日〕福井康順等監修，《道教》，卷三，上海，上海古籍出版社，1992。

94. 〔日〕窪德忠原著，蕭坤華譯，《道教史》，上海，上海譯文出版社，1985。

95. 〔美〕凱倫‧阿姆斯壯原著，蔡昌雄譯，《神的歷史》，臺北，立緒出版社，民國 85 年 11 月，初版，656 頁。

96. 〔美〕伯納德‧科恩原著、楊愛華等譯，《科學革命史》，北京，軍事科學出版社，1992 年 2 月，一版一刷，510 頁。

97. 〔美〕約翰生著、黃素封譯，《中國煉丹術考》，上海，上海文藝出版社，1992 年 7 月，142 頁。

98. 〔美〕韋伯、洪天富譯，《中國的宗教——儒教與道教》，海外中國研究叢書，南京，江蘇人民出版社，1995 年 1 月，初版，279 頁。

99. 〔法〕施耐和著、耿昇譯,《中國五至十世紀的寺院經濟》,臺北,商鼎文化出版社,民國 83 年 2 月,419 頁。

100. 〔法〕施耐和著、耿昇譯,《中國社會史》,海外中國研究叢書,南京,江蘇人民出版社,1997 年 1 月,一版一刷,692 頁。

三、論文部份

1. 丁培仁,〈山田俊編《稿本〈昇玄經〉》——兼談《昇玄內教經》〉,(《宗教學研究》,1994 年,第一期,頁 10～12,四川大學宗教研究所,1994 年 2 月)。

2. 尹志華,〈吳筠的生命哲學思想初探〉,(《宗教學研究》,1996 年,第二期,頁 87～91,四川大學宗教研究所,1996 年 7 月)。

3. 孔繁,〈李白和道教〉(《世界宗教研究》,1991 年,第四期,頁 19～27,中國社會科學出版社,1991 年 12 月)。

4. 方立天,〈略論佛教對道教心性論的思想影響〉(《世界宗教研究》,1995 年,第三期,頁 24～33,中國社會科學出版社,1995 年 9 月)。

5. 方廣錩,〈敦煌文獻中的《金剛經》及其註疏〉(《世界宗教研究》,1995 年,第一期,頁 73～80,中國社會科學出版社,1995 年 3 月)。

6. 王明,〈葛洪有無佛教思想的探討〉(《世界宗教研究》,1990 年,第二期,頁 67～69,中國社會科學出版社,1990 年 6 月)。

7. 王明,〈道教基本理論的幾個來源〉,(《宗教學研究》,1985 年,第一期,頁 4～8,四川大學宗教研究所,1985 年 12 月)。

8. 王明,〈論陶弘景〉(《世界宗教研究》,1981 年,第一期,頁 10～21,中國社會科學出版社,1981 年 2 月)。

9. 王瑛,〈杜光庭入蜀時間小考〉,(《宗教學研究》,1995 年,第一、二期,頁 31～32,四川大學宗教研究所,1994 年 12 月)。

10. 王瑛,〈杜光庭事跡考辨〉,(《宗教學研究》,1992 年,第一、二期,頁 31～36,四川大學宗教研究所,1992 年 8 月)。

11. 王利器,〈《化胡經》考〉,(《宗教學研究》,1988 年,第一期,頁 21～23,四川大學宗教研究所,1988 年 1 月)。

12. 王志忠,〈成玄英的重玄思想與佛教中道觀〉,(《宗教學研究》,1989 年,第一、二期,頁 47～52,四川大學宗教研究所,1989 年 10 月)。

13. 王曉毅,〈漢魏佛教與何晏早期玄學〉(《世界宗教研究》,1993 年,第三期,頁 101～106,中國社會科學出版社,1993 年 9 月)。

14. 朱伯崑,〈莊學生死觀的特徵及其影響——兼論道家生死觀的演變過程〉(《道家文化研究》,第四期,頁 58～62)。

15. 朱越利,〈《養性延命錄》考〉(《世界宗教研究》,1986 年,第一期,頁 101～115,中國社會科學出版社,1986 年 3 月)。

16. 李申,〈三教關係論綱〉(《世界宗教研究》,1996,第三期,頁 1～10,中國社會科學出版社,1996 年 9 月)。

17. 李申,〈唐代道教對佛教教義的吸收〉,(《宗教學研究》,1993 年,第三、四期,頁 23～27,四川大學宗教研究所,1993 年 10 月)。

18. 李申,〈氣質之性源於道教說〉(《道家文化研究》,第五期,頁 271～281)

19. 李剛,〈成玄英論「玄」與「又玄」〉,(《宗教學研究》,1996 年,第二期,頁 10～14,四川大學宗教研究所,1996 年 7 月)。

20. 李剛,〈李白與道士之交往〉,(《宗教學研究‧道教與中國文化研討會專輯》,頁 80～85,四川大學宗教研究所,1988 年 5 月)。

21. 李剛,〈道教老學重玄學派〉,(《宗教學研究》,1996 年,第一期,頁 9～18,四川大學宗教研究所,1996 年 1 月)。

22. 李大華,〈隋唐時期的道教內丹學」(《道家文化研究》,第五期,頁 404～419)。

23. 李叔達,〈成玄英論「三一」〉,(《宗教學研究》,1996 年,第四期,頁 1～3,四川大學宗教研究所,1996 年 10 月)。

24. 李明友,〈《廣弘明集》與隋唐初期的佛道論爭〉(《世界宗教研究》,1992 年,第二期,頁 78～88,中國社會科學出版社,1992 年 6 月)。

25. 李斌成,〈唐代佛道之爭研究〉(《世界宗教研究》,1981 年,第二期,頁 99～108,中國社會科學出版社,1981 年 6 月)。

26. 李養正,〈關於唐初僧道譯《老》爲梵的爭論〉(《世界宗教研究》,1996 年,第三期,頁 83～90,中國社會科學出版社,1996 年 9 月)。

27. 汪泛舟、徐相霖,〈古敦煌宗教考述〉,(《宗教學研究》,1989 年,第一、二期,頁 31～35,四川大學宗教研究所,1989 年 10 月)。

28. 孟乃昌,〈張果考〉,(《宗教學研究》,1985 年,第一期,頁 15～26,四川大學宗教研究所,1985 年 12 月)。

29. 明揚,〈內丹學理論中的信仰主義〉,(《宗教學研究》,1994 年,第二、三期,頁 3～7,四川大學宗教研究所,1994 年 8 月)。

30. 金谷治,〈《莊子》的生死觀〉(《道家文化研究》,第五期,頁 70～83)。

31. 姜伯勤,〈論敦煌本《本際經》的道性論」(《道家文化研究》,第七期,頁 221～243)。

32. 洪修平,〈老莊玄學與僧肇佛學〉(《道家文化研究》,第五期,頁 247～261)。

33. 卿希泰,〈從葛洪論儒道關係看神仙道教理論的特點和本質〉(《世界宗教

研究》，1981 年，第一期，頁 110～115，中國社會科學出版社，1985 年
3 月）。

34. 高正，〈莊子學派和神仙道教〉（《世界宗教研究》，1991 年，第四期，頁
    28～39，中國社會科學出版社，1991 年 12 月）。

65. 崔珍晳，〈成玄英「道」的概念分析〉（《道家文化研究》，第七期，頁 175
    ～198）。

66. 張弓，〈唐代的內道場與內道場僧團〉（《世界宗教研究》，1993 年，第三
    期，頁 81～89，中國社會科學出版社，1993 年 9 月）。

67. 張欽，〈《道德經》得「道」心理歷程初探〉，（《宗教學研究》，1996 年，
    第二期，頁 83～86，四川大學宗教研究所，1996 年 7 月）。

68. 張廣保，〈論道教的心性之學〉（《道家文化研究》，第七期，頁 1～17）

69. 張澤洪，〈敦煌文書中的唐代道經〉，（《敦煌學輯刊》，1993 年，第二期，
    頁 58～63，蘭州大學出版社，1993 年 12 月）。

70. 張澤洪、景志明，〈唐代長安道教〉，（《宗教學研究》，1993 年，第一、
    二期，頁 1～7，四川大學宗教研究所，1993 年 4 月）。

71. 強昱，〈成玄英《道德經義疏》中的重玄思想〉（《道家文化研究》，第七
    期，頁 199～210）。

72. 許抗生，〈南朝佛教論中印文化之同異——析宋齊之際佛道兩教的夷夏之
    辯〉（《世界宗教研究》，1996，第二期，頁 10～13，中國社會科學院世
    界宗教研究所，1996 年 6 月）。

73. 郭武，〈道教長生成仙說的幾個階段〉，（《宗教學研究》，1992 年，第三、
    四期，頁 1～6，四川大學宗教研究所，1992 年 10 月）。

74. 郭武，〈論道教的長生成仙思想〉（《世界宗教研究》，1994 年，第一期，
    頁 27～37，中國社會科學出版社，1994 年 3 月）。

75. 陳澍，〈從司馬承禎、王玄覽看唐代道教對宋明理學的影響〉，（《宗教學
    研究》，1988 年，第四期，頁 18～20，四川大學宗教研究所，1988 年 12
    月）。

76. 馮達文，〈郭象哲學「有」的範疇及其文化含蘊〉（《道家文化研究》，第
    四期，頁 232～240）。

77. 黃海德，〈李榮及其《老子注》考辨〉（《世界宗教研究》，1988 年，第四
    期，頁 48～56，中國社會科學出版社，1988 年 12 月）。

78. 黃德海，〈李榮《老子注》重玄思想初探〉，（《宗教學研究·道教與中國
    文化研討會專輯》，頁 15～23，四川大學宗教研究所，1988 年 5 月）。

79. 楊曾文，〈南北朝時期佛教學者的道教觀〉（《世界宗教文化》，1997 年，
    第四期，頁 38，中國社會科學出版社）。

80. 碣石，〈漢代老子神化現象考〉，（《宗教學研究》，1996 年，第四期，頁

23～28，四川大學宗教研究所，1996 年 10 月）。

81. 趙宗誠，〈杜光庭「靈化二十四」初探〉，（《宗教學研究》，1990 年，第一、二期，頁 10～12，四川大學宗教研究所，1990 年 9 月）。

82. 劉仲宇，〈道教與玄學歧異簡論〉（《道家文化研究》，第五期，頁 342～352）。

83. 劉國梁、盧國龍，〈試論道教對宋代理學宇宙生成論的影響〉（《世界宗教研究》，1987 年，第四期，頁 57～66，中國社會科學出版社，1987 年 12 月）。

84. 劉楚華，〈成玄英《齊物論疏》中的佛家語〉（《第二屆國際唐代學術會議論文集》，上冊，臺北，文津出版社，1993）。

85. 潘雨廷，〈南北朝道教與「三洞四輔」〉，（《宗教學研究・道教與中國文化研討會專輯》，頁 48～51，四川大學宗教研究所，1988 年 5 月）。

86. 鄭杰文，〈漢代老氏學的流傳及其宗教化的過程〉（《世界宗教研究》，1993 年，第一期，頁 38～44，中國社會科學出版社，1993 年 3 月）。

87. 鄧文寬，〈敦煌道經試述〉（《世界宗教研究》，1996 年，第二期，頁 68～78，中國社會科學出版社，1996 年 6 月）。

88. 盧國龍，〈孫登「託重玄以寄宗」的思想根源〉（《道家文化研究》，第四期，頁 300～317）。

89. 簡明，〈『道家重玄學』芻議〉（《世界宗教研究》，1996 年，第四期，頁 57～65，中國社會科學出版社，1996 年 12 月）。

90. 釋恆清，〈《大乘起信論》的心性論〉（《臺大哲學論評》，第十二期，頁 233～254，臺灣大學哲學系，民國 78 年 1 月）。

91. 〔日〕土田健次郎，〈道學與佛教——議論的場合與範疇〉（《世界宗教研究》，1992 年，第二期，頁 39～43，中國社會科學出版社，1992 年 6 月）。

92. 〔日〕中嶋隆藏，〈從現存唐代《道德經》諸注看唐代老學思想的演變〉，（《宗教學研究》，1992 年，第一、二期，頁 16～30，四川大學宗教研究所，1992 年 8 月）。

93. 〔日〕中嶋隆藏，〈《坐忘論》的「安心」思想〉（《道家文化研究》，第七期，頁 244～258，陳鼓應編，上海古籍出版社，1995 年 6 月）。

94. 〔日〕麥谷道夫著、朱越利譯，〈唐玄宗《道德眞經》注疏中的「妙本」〉（《世界宗教研究》，1990 年，第二期，頁 82～89，中國社會科學出版社，1990 年 6 月）。

95. 〔蘇〕葉・阿・托爾奇諾夫著，鄭天星譯，〈道教的起源及其歷史分期問題〉，（《宗教學研究》，1987 年，第三期，頁 25～31，四川大學宗教研究所，1987 年 4 月）。